MAXIMILIAN ALEXANDER KOCH

FRANZÖSISCH LERNEN MIT CHATGPT

4x schneller zum Sprachprofi durch deinen eigenen Privatlehrer mit Künstlicher Intelligenz

Als Anfänger oder Fortgeschrittener gezielt zum Muttersprach-Niveau

Covergestaltung & Grafiken

Nadiya Morenko | morenko.de | Adriana Rechitean

INHALTSVERZEICHNIS

EINLEITUNG

Dieses Buch stellt eine Schnittstelle zwischen Psychologie, Technologie und Sprache dar. Als Psychologe, Autor und angehender Informatiker vereinen diese drei Bereiche für mich faszinierende Welten, die zusammen eine außergewöhnliche Symbiose bilden. Eine Symbiose, die ein System hervorgebracht hat, das es jedem ermöglicht, mithilfe von ChatGPT schneller Französisch zu lernen als jemals zuvor.

Sprachanfänger haben hier besonderes Glück und sparen gut und gerne 80-90 % der Lernzeit. Die Ausbeute für Fortgeschrittene ist geringer, eine Verdopplung der Lerngeschwindigkeit ist aber auch für sie nicht unmöglich. Als aufmerksamer Leser mit mittelmäßigen Französischkenntnissen kannst du davon ausgehen, etwa 4x so schnell Französisch zu lernen, wie der Durchschnitt. Du benötigst dazu kein Vorwissen, keine besondere Begabung und kein technisches Know-how – allein Motivation und Freude am Lernen reichen aus.

Während meines Bachelors in Psychologie setzte ich mich intensiv mit Kognition und Lerntheorien auseinander und entdeckte dabei effektive Lernmethoden. Diese erlaubten es mir, ein Vollzeitstudium in Teilzeit zu absolvieren: Ich arbeitete und genoss Freizeit in den ersten vier Monaten des Semesters und widmete mich erst in den letzten 1-2 Monaten dem Lernen. Nur 3-4 Stunden täglich waren nötig, um Prüfungen erfolgreich zu meistern.

Mein Erfolg war nicht auf eine besondere Begabung zurückzuführen, sondern darauf, dass ich gelernt hatte, wie man lernt. Ein Paradoxon im Bildungssystem ist, dass wir Jahre damit verbringen, Fakten und Konzepte zu lernen, uns jedoch selten der Methodik des Lernens selbst widmen. Das möchte ich mit diesem Buch ändern.

Meine These: Die hier vorgestellten Ansätze kann jeder in kürzester Zeit und in jedem Bereich anwenden.

Noch vor einem Jahr hätte ich das nicht behauptet. Denn was im Feld der Psychologie für mich funktionierte, schien in meinem Zweitstudium, der Informatik, unmöglich. Das lag vor allem an Mathe. Ich fühlte mich in Mathe nie sicher und hatte Schwierigkeiten, meine bewährten Lerntechniken anzuwenden.

Egal, wie schnell ich lernte, manche Fragen ließen sich einfach nicht ohne einen Experten beantworten. Eine entscheidende Komponente fehlte. Heute weiß ich, dass es sich bei dieser Komponente um einen KI-Privatlehrer wie ChatGPT handelt.

Doch warum teile ich dies mit dir? Sowohl Französisch als auch Mathematik sind nicht nur Zahlen und Worte, sie sind Schlüssel zur Welt. Die in diesem Buch vorgestellten Techniken sind universell und können in jeder Disziplin, von Mathematik über Französisch bis zur mittelalterlichen Pflanzenkunde, angewendet werden. Fühlst du dich in Französisch unsicher, so wie ich mich in Mathe? Kein Problem, es gibt endlich eine Lösung:

Während meiner wissenschaftlichen Arbeit stolperte ich über die Fähigkeiten von ChatGPT. Ein Datensatz von über 500.000 Wörtern, der eine wochenlange Auswertung durch ein mehrköpfiges Team erfordert hätte, wurde von der KI im Alleingang akkurat ausgewertet. Dies war der Wendepunkt, der mich dazu inspirierte, tiefer in die Möglichkeiten von ChatGPT einzutauchen. Ich wollte es darauf anlegen, und mit dem Chatbot an meiner Seite verwandelte sich die Informatik von einem herausfordernden Thema in ein interaktives Abenteuer. Aus stressigen Lernstunden in der Nacht wurden entspannte Spielminuten am Tag.

Diese Entdeckung motivierte mich, KI als Lernmittel einzusetzen. Ich sprach auch in meiner Freizeit über nichts anderes. ChatGPT wurde zu meiner Lösung für alles. Ein Sprichwort besagt: "Wer nur einen Hammer als Werkzeug hat, sieht in jedem Problem einen Nagel". Doch dieser "Hammer" funktionierte tatsächlich. Besonders beeindruckend war es, zu sehen, wie das richtige System das Sprachenlernen für unterschiedliche Altersgruppen, inklusive meiner eigenen Familie, revolutionierte. Alle, die ChatGPT auf meine Weise nutzten, verzeichneten ähnliche Lernerfolge wie ich während meines Psychologiestudiums.

Dieses Buch verbindet bewährte Lerntheorien mit modernster Technologie. Du wirst nicht nur lernen, wie du ChatGPT effizient einsetzt, sondern auch die zugrunde liegenden Prinzipien und Methoden verstehen. Es ist eine Einladung, in die Kunst des Lernens einzutauchen und das volle Potenzial der Technologie für das Sprachenlernen – und jede andere Herausforderung – zu nutzen.

LESEHINWEIS

Dieses Buch begleitet dich schrittweise durch den Lernprozess mit ChatGPT. Im ersten Kapitel erkunden wir die Synergien zwischen ChatGPT, Französisch und effektivem Lernen. Das zweite Kapitel ermöglicht dir einen raschen Einstieg, um ChatGPT binnen 5 Minuten in Betrieb zu nehmen. Das dritte Kapitel fokussiert sich auf gängige Lerntechniken, und Kapitel 4 behandelt die psychologischen Grundlagen des effektiven Lernens. In Kapitel 5 wird das volle Potenzial von ChatGPT entfaltet, welches im sechsten Kapitel mit innovativen Techniken kombiniert wird. Die folgenden Kapitel zerlegen die französische Sprache in ihre Grundelemente und zeigen, wie du dir diese mit ChatGPT in Windeseile systematisch aneignest.

Empfehlung: Lese nichts, was dich nicht interessiert, sondern nur das, was du brauchst!

Entscheide die Reihenfolge der Kapitel für dich selbst:

- Wenn du ChatGPT beherrschen möchtest, lies dir Kapitel 1, 2, 3, 5 und 6 durch.

- Wenn du mithilfe psychologischer Techniken effektiver und schneller lernen willst, lies Kapitel 4.
- Wenn du dich in die Grundlagen der französischen Sprache mit so wenig Aufwand wie möglich einarbeiten willst, lies Kapitel 7. Das ist besonders dann zu empfehlen, wenn du Französisch noch kaum beherrschst.
- Wenn du all das zu einem einzigartigen System zusammensetzen willst, durch das du so schnell und einfach Französisch lernst wie möglich, lies das gesamte Buch und setze zuletzt den Plan aus Kapitel 8 für dich um.

Die Kapitel bauen aufeinander auf, aber ich traue dir zu, das richtige Kapitel im Inhaltsverzeichnis zu finden und nachzuholen, solltest du in einem der fortgeschrittenen Kapitel nicht weiterkommen.

Während viele Publikationen lediglich eine Liste vorgefertigter Nachrichten an ChatGPT bereitstellen, gehen wir tiefer. Wir vermitteln das Verständnis hinter den Nachrichten, sodass du individuell angepasste Anfragen für deine Anforderungen erstellen kannst. Dies gewährleistet die langfristige Relevanz dieses Buches.

Obwohl technologische Fortschritte, insbesondere bei KI und Chatbots, unaufhaltsam sind, bleiben die Grundlagen des Lernens, die in diesem Buch vorgestellt werden, konstant. Selbst in einigen Jahren werden die hier vorgestellten Methoden nützlich bleiben und durch fortlaufende Optimierungen von ChatGPT vermutlich noch effizienter sein.

Bist du bereit, die Revolution im Französischlernen zu erleben? Dann lass uns beginnen!

KAPITEL 1: FRANZÖISCH LERNEN MIT CHATGPT

WARUM FRANZÖSISCH LERNEN?

Du hast dich für „Französisch lernen mit ChatGPT" entschieden. Und das aus gutem Grund, denn du verfolgst einen Plan. Etwas treibt dich an: eine bestimmte Vorstellung davon, warum du Französisch lernen möchtest.

Möglicherweise willst du geistig fit bleiben und das Potenzial deines Gehirns voll ausschöpfen. Wusstest du, dass das Erlernen einer neuen Sprache unglaubliche Vorteile für dein Gehirn mit sich bringt? Eine verbesserte Gedächtnisleistung, gesteigerte Konzentrationsfähigkeit und eine Verzögerung des kognitiven Alterns sind nur einige der Vorteile, die auf dich warten. Das Erlernen einer neuen Sprache erweitert deinen Horizont und stärkt dein Selbstbewusstsein.

Vielleicht hast du aber auch eine spezifische Situation im Kopf und siehst dich in schicken Konferenzräumen, in denen dein Geist vor Ideen sprudelt und du diese auf Französisch mühelos vermittelst, während deine Kollegen staunen. Vielleicht stellst du dir vor, wie du in den verwinkelten Gassen einer sonnigen Stadt mit Einheimischen plauderst und die ganze Welt als dein Zuhause empfindest. Vielleicht möchtest du neue Freundschaften knüpfen und das Kribbeln des ersten Gesprächs erleben, Geschichten und Gedanken austauschen, die nur durch das Medium der französischen Sprache möglich sind.

Es könnten Menschen in deinem Leben oder Umfeld sein, die Französisch sprechen, und du möchtest diese Barriere überwinden, um dich mit ihnen auszutauschen. Oder du hast dich schon immer für die Französische Kultur und Literatur interessiert und möchtest endlich die Originale erleben.

Ganz gleich, ob es um berufliche Ambitionen, kulturelle Entdeckungen, soziale Kontakte oder intellektuelle Abenteuer geht – mit Französisch hältst du den Schlüssel zu unzähligen Möglichkeiten in der Hand. Ein Schlüssel, der Türen öffnet zu Orten, die du dir vielleicht jetzt noch nicht einmal vorstellen kannst.

WARUM CHATGPT?

Unsere Welt wird stetig schneller und komplexer. Unsere Tage sind gefüllt mit Aufgaben, die unsere Aufmerksamkeit und Zeit fordern. Warum sollte also das Erlernen einer neuen Sprache nicht so effizient und bequem wie möglich gestaltet werden? Warum sollten wir nicht die modernsten Methoden und Tools nutzen, um schneller und besser zu lernen?

ChatGPT ist ein revolutionäres Tool, das Ergebnis modernster künstlicher Intelligenz und maschinellen Lernens. Du gibst einen sogenannten Prompt, also eine kurze Anfrage ein und ChatGPT liefert als Antwort einen zusammenhängenden und sinnvollen Text. Klingt zu schön, um wahr zu sein? Es mag so erscheinen, aber lass mich dir versichern: Es ist Realität. Die Texte von ChatGPT erreichen bereits das Niveau der besten 10 % der Prüflinge an Elite-Universitäten (OpenAI, 2023[1]). Du kannst diese Fähigkeit stets nutzen und ChatGPT zu deinem persönlichen Tutor machen. Denn Texte können nicht nur zur Lösung von Klausuraufgaben dienen, sondern auch ganze Interaktionen und Lernprozesse abbilden.

---

[1] OpenAI. (2023). GPT-4 technical report [Preprint]. arXiv. https://arxiv.org/abs/2303.08774

Vielleicht bist du skeptisch und erinnerst dich an die KI-Debatte der letzten Jahre sowie an Memes wie das folgende:

Abbildung 1: Lachs Meme

Die obigen Bilder sind nicht real, sondern wurden vollständig von der Bild-KI „DALL-E“ erstellt. DALL-E, entwickelt von OpenAI (dem Unternehmen, das auch hinter ChatGPT steckt), wurde einige Monate vor ChatGPT sehr populär. Während einige von den Fähigkeiten beeindruckt waren, machten andere Witze über die (vermeintliche) Unfähigkeit der KI, sinnvolle Ergebnisse zu erzeugen.

Dabei übersehen die Kritiker einen wichtigen Punkt: Alles hängt von der richtigen Eingabe bzw. dem richtigen Prompt ab.

Die Künstliche Intelligenz von ChatGPT funktioniert ähnlich wie unser Gehirn. Sie lernt, verbessert sich und reagiert auf das, was wir ihr geben. Stell dir vor, ChatGPT wäre ein Baby. Zu Beginn kann es nur brabbeln und nach seiner Mutter rufen. Aber mit der Zeit und mit jedem neuen Wort, das es lernt, wird es immer kompetenter. Ähnlich verhält es sich mit ChatGPT. Ebenso wie ein Kind muss auch ChatGPT trainiert werden. Es braucht die richtigen Fragen, um sinnvolle Antworten zu liefern. Wie wir mit KI kommunizieren und was wir von ihr erwarten, hängt davon ab, wie wir sie „füttern". Nur wenn wir der KI klare Anweisungen geben, kann sie die gewünschten Ergebnisse liefern. Genau dieses Training und diese Kommunikation mit ChatGPT sind das, was du in diesem Buch lernen wirst.

Betrachte das Beispiel mit dem Lachs. Wenn du ChatGPT bittest, ein Bild von einem „wandernden Lachs" zu erstellen, bekommst du vielleicht ein kurioses Ergebnis. Ein gut formulierter Prompt jedoch liefert ein detailgetreues Bild von Lachsen.

Abbildung 2: Echtes Lachsbild von DALL-E

Oben siehst du das Ergebnis für den Prompt: „Foto von mehreren Lachsen, die in einem ruhigen Fluss stromaufwärts schwimmen, wobei unter dem klaren Wasser Felsen und Kieselsteine sichtbar sind." Und woher stammt der Prompt hinter diesem Bild? Natürlich von der KI, die im Mittelpunkt dieses Buches steht: ChatGPT.

In diesem Buch wenden wir dasselbe Prinzip auf das Französischlernen an. Wir wollen nicht nur eine zufällige Sammlung von Wörtern und Phrasen (ähnlich einem toten Lachsstreifen), sondern präzise Sprachfähigkeit (der lebendige Lachs im Wasser). Das Ziel ist es, Sprachtest zu bestehen, an einem französischsprachigen Arbeitsplatz akzeptiert zu werden, international zu kommunizieren, usw.

ChatGPT ist zu jeder Zeit und an jedem Ort für dich da. Es passt sich an dein Lernpensum an und bietet dir eine maßgeschneiderte Lernumgebung. Je länger du dich in dieser Umgebung aufhältst, desto besser wird dein Französisch. Und je besser du die Umgebung einrichtest, desto schneller wirst du Fortschritte machen. Wie du sie optimal gestaltest, erfährst du in diesem Buch.

P.S.: Übrigens, selbst das Lachsbild, das die KI schlecht darstellt, ist gestellt. Der tatsächliche Prompt war „migrating salmon fillets", was „wandernde Lachsfilets" bedeutet.

WARUM DIESES BUCH?

Dieses Buch stellt eine Strategie vor, die es dir ermöglicht, Französisch in einem Bruchteil der Zeit zu lernen. Es ist dein persönlicher Leitfaden, Sprungbrett und Ass im Ärmel. Es wird dir mithilfe neuester KI-Technologie und einem unkonventionellen Lernsystem dabei helfen, dein Lernziel zu erreichen. Skepsis ist natürlich angebracht: „Wenn es so einfach wäre, würde es nicht jeder machen?", könntest du dich fragen.

Stell dir folgendes Szenario vor: Du versuchst, einen Nagel in eine Wand zu schlagen und schlägst dabei mit aller Kraft zu, nur um zu sehen, wie der Nagel sich verbiegt. Dann zeigt dir ein Handwerker eine bessere Technik: Den Nagel erst sanft ansetzen und dann mit kontrollierten Schlägen weitermachen. Du würdest sicherlich nicht argumentieren, dass, wenn diese Methode so gut ist, jeder sie verwenden würde.

In unserem Fall ist das neue Werkzeug nicht ein Hammer, sondern ChatGPT. Traditionelle Lernmethoden versuchen den Nagel von Hand in die Wand zu drücken. Dieses Buch hingegen legt dir den Hammer in die Hand und zeigt dir, wie du ihn optimal verwendest. Es bietet dir einen klaren Plan für den Umgang mit ChatGPT beim Sprachenlernen. Die Nutzung von ChatGPT mag extrem einfach erscheinen, doch das volle Potenzial wird oft nicht ausgeschöpft.

Einige sehen in ChatGPT eine revolutionäre Technologie, die alle unsere Probleme löst, während andere es für nichts weiter als eine Quelle von Fake News halten. Ich schlage einen Mittelweg vor: Wir erkennen die Grenzen von ChatGPT, sehen aber auch sein enormes Potenzial und streben danach, dieses bestmöglich auszuschöpfen.

Mit diesem Buch wirst du nicht über Nacht zum Sprachgenie, aber es bietet eine schrittweise Anleitung zur effizienten Nutzung von ChatGPT beim Sprachenlernen. Statt sich mit trockenen Grammatikbüchern zu quälen, kannst du das Lernen als spannende Erfahrung erleben.

Denk daran, wie du dich beim Spielen von „Mensch ärgere dich nicht" fühlst. Einfache Matheaufgaben können monoton sein, ein Brettspiel jedoch macht Spaß. Dabei geht es bei beiden im Kern um dasselbe: einfache Additionsaufgaben. Das Lernen von Sprachen sollte eine angenehme und spannende Erfahrung sein. Genau das bietet dir dieses Buch: Eine schrittweise Anleitung zur Nutzung von ChatGPT beim Sprachenlernen.

Achtung! Erwarte kein gewöhnliches Arbeitsbuch. Wundere dich nicht, wenn dieses Buch vollständig ohne Grammatikübungen und Deklinationstabellen auskommt. Derlei Inhalte mögen zwar gut aussehen („wie damals in der Schule") und dir das Gefühl geben, richtiges Lernmaterial zu sein; das bedeutet aber nicht, dass sie wirklich effektiv sind. Das Einzige, was am Ende zählt, ist die Fähigkeit zu verstehen, zu schreiben und zu interagieren. Und wenn du diesem Buch folgst, wirst du genau diese Fähigkeiten erwerben. Falls du danach noch Lust hast, Lernaufgaben zu lösen und Grammatikregeln zu büffeln, reicht dafür eine gezielte Nachricht an ChatGPT.

Anstatt dieses Buch mit Übungen vollzupacken, die ich mit wenigen Worten von ChatGPT generieren lassen kann, bringe ich dir lieber bei, wie du sie selbst generierst.

Es ist wie mit dem Hungernden und dem Fischer: „Gib einem Hungernden einen Fisch und du ernährst ihn für einen Tag. Lehre einen Hungernden das Fischen und du ernährst ihn für sein Leben."

Das war es jetzt aber mit den Fisch-Anekdoten – legen wir los!

KAPITEL 2: CHATGPT IN 5 MINUTEN EINRICHTEN UND NUTZEN

"GPT" ist der Name des Sprachmodells und "Chat" beschreibt, wie du mit ihm interagierst: über Textnachrichten, genau wie bei einem menschlichen Chatpartner. ChatGPT ist dadurch sehr einfach zu bedienen. Wenn du online einkaufen oder Nachrichten versenden kannst, verfügst du bereits über die nötigen technischen Fähigkeiten. Ich empfehle dir, parallel zum Lesen dieses Kapitels die hier gezeigten Schritte auszuführen. Denn nur wenn du das Beschriebene auch umsetzt, kannst du von diesem Buch profitieren.

Um zu starten, brauchst du einen Account:

1. Besuche die offizielle Seite: https://chat.openai.com
2. Klicke auf "Sign Up" und folge den Anweisungen.
3. Du kannst dich mit deiner E-Mail, Google- oder Microsoft-Konto anmelden.
4. Gib deine Handynummer ein und bestätige sie mit dem SMS-Code. Dies verhindert den Missbrauch des Dienstes.
5. Logge dich anschließend über „Log In" ein.

So einfach ist es, mit ChatGPT zu beginnen!

Sobald du eingeloggt bist, siehst du das folgende Chatfenster:

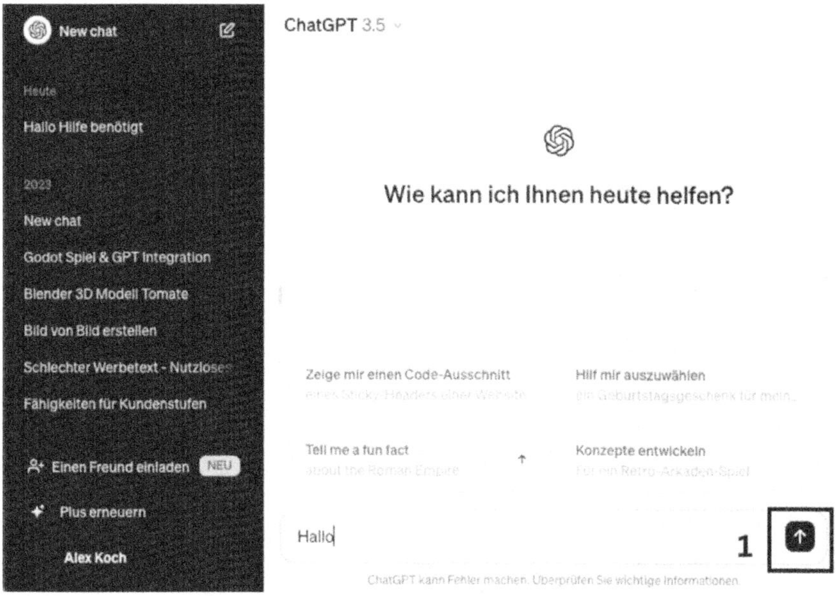

1) Das zentrale Element des Chats befindet sich am unteren Rand der Seite: Das Eingabefeld. Hier tippst du deine Anfragen, die „Prompts" ein und klickst dann auf den Pfeil-Button in der rechten Ecke.

Jetzt kann es losgehen! ChatGPT antwortet und das Gespräch beginnt.

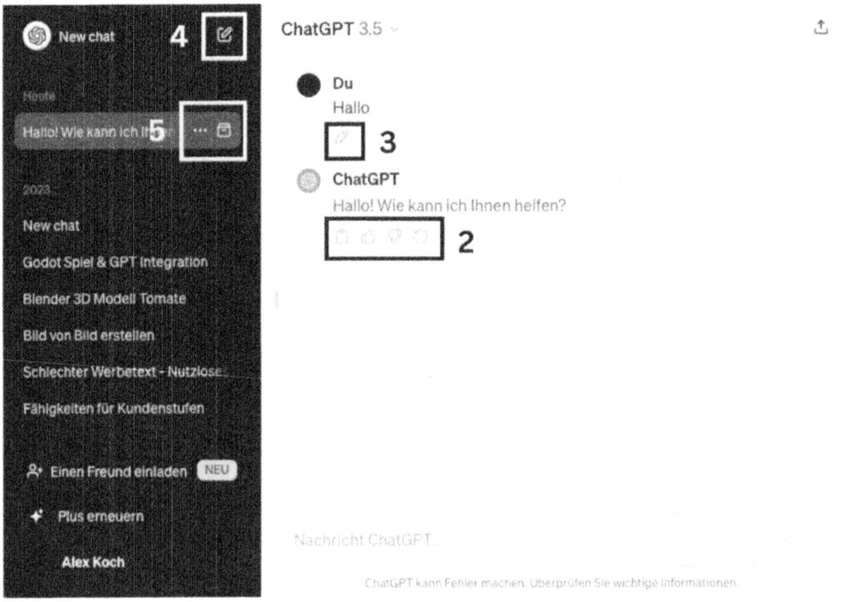

2) Die Icons neben dem Text ermöglichen es dir, die Nachricht zu bewerten (Daumen hoch/Daumen runter), zu kopieren (Klemmbrett-Symbol) oder eine neue Antwort einzufordern (geschwungener Pfeil).

3) Wenn du eine bereits gesendete Nachricht mit dem Mauszeiger ansteuerst, kannst du sie nachträglich abändern und erhältst eine angepasste Antwort. Anschließend kannst du oben links zwischen den verschiedenen Nachrichten wechseln und der Chat zeigt automatisch die jeweilige Version an.

Betrachten wir die linke Seitenleiste. Hier werden unsere Gespräche angezeigt, wenn wir mehrere Chats führen und zwischen diesen wechseln möchten. Es funktioniert ähnlich wie mit parallelen Browser-Tabs und erlaubt uns, mit mehreren KI-Personen gleichzeitig zu interagieren. Da sich ChatGPT mit der Zeit an unsere Bedürfnisse anpasst, wird der Chat personalisiert und auf das jeweilige Gesprächsthema abgestimmt. Es ist vergleichbar mit menschlichen Chats: Jeder hat seine eigenen Insider-Themen und Schreibstile.

4) Über das Icon mit Papier und Stift kannst du neue Chats beginnen.

5) Mit den kleinen Icons neben dem Chatnamen kannst du diese umbenennen, teilen oder löschen.

Das war's bereits. Nun kennst du das Wesentliche, um ChatGPT zu nutzen und zu chatten. Probiere es gleich aus!

VERSIONEN UND EINSCHRÄNKUNGEN

Wenn du die Gratis-Version von ChatGPT verwendest, wirst du gelegentlich auf das Problem stoßen, keine weiteren Nachrichten senden zu können. Das liegt an dem hohen Rechenaufwand, den jede Antwort von ChatGPT erfordert. Diese Rechenleistung wird nicht von deinem Gerät, sondern von den OpenAI-Servern bereitgestellt. Da die Serverkapazität begrenzt ist, reserviert OpenAI sie vorrangig für zahlende Kunden. Selbst Plus-Nutzer, die Zugang zum aktuellen GPT-4-Modell haben, sind derzeit auf 40 Nachrichten alle 3 Stunden beschränkt. Daher ist es umso wichtiger, mit gut durchdachten Prompts optimale Ergebnisse zu erzielen.

Die Anzahl der Wörter, die in einer Nachricht berücksichtigt werden können, ist ebenfalls beschränkt. Hierbei zählen sowohl die Anfrage (der Prompt) als auch die Antwort. Diese werden in Tokens umgewandelt und zusammengezählt. Tokens sind Indikatoren für den Rechenaufwand und korrelieren ungefähr mit der Wortanzahl: 100 Wörter entsprechen ca. 128 Tokens.

Insbesondere bei längeren Konversationen wird die Wortgrenze relevant. Auch wenn vieles aus dem direkten Kontext der letzten Nachricht hervorgeht, kann ChatGPT Schwierigkeiten haben, spezifische, vor langer Zeit übermittelte Informationen abzurufen. Um das zu überbrücken, kann man ChatGPT regelmäßig an wichtige Punkte erinnern. Je nach Version und Länge der Nachrichten erinnert sich ChatGPT an sämtliche Details der letzten 3-10 Nachrichten. Stell dir einfach vor, du würdest mit einer Person reden, die sich nur an das erinnern kann, was du mit ihr vor wenigen Stunden besprochen hast.

Ursprünglich lag die Grenze für GPT-3 bei etwa 1.500 Wörtern. Für GPT-3.5 wurde sie auf ca. 3.000 Wörter und für GPT-4 auf 6.000 Wörter erhöht. Es sind jedoch Erweiterungen dieser Grenzen auf bis zu 100.000 Wörter geplant, und mit dem Erscheinen von GPT-5 könnten sich die Dinge erneut ändern.

GPT Plus: GPT Plus ist die kostenpflichtige Version von ChatGPT. Das Abonnement kostet 20 € im Monat und ist monatlich kündbar. Es verschafft dir Zugriff auf die aktuellste Version des Sprachmodells und bietet darüber hinaus noch einige andere Vorteile: Dazu zählen z.B. das Senden von Dateien, Fotos und Links an ChatGPT, die Generierung von KI-Bildern mithilfe von DALL-E sowie die Erstellung deiner eigenen maßgeschneiderten KIs, den "Custom GPTs".

Ich empfehle dir, es zunächst mit der kostenlosen Version auszuprobieren und dann für maximalen Lernerfolg in die aktuelle Version zu investieren. Nicht, weil ich von OpenAI gesponsert werde, sondern weil Zeit wertvoll ist. Die Effizienz von ChatGPT kann dir hunderte Stunden an Lern- und Arbeitszeit ersparen. Bei einem monatlichen Beitrag, der weniger als zwei Arbeitsstunden Mindestlohn entspricht, wird diese Investition schnell rentabel. Aber keine Sorge: Alle hier vorgestellten Techniken sind auch mit dieser Version umsetzbar, wobei gutes „Prompting“ erforderlich ist – eine Fähigkeit, die ich dir ausführlich in Kapitel 6 vermitteln werde.

Das Buch ist so geschrieben, dass du nicht auf die Plus-Version zurückgreifen musst. So wird dir zum Beispiel später noch gezeigt, dass du Texte aus Dokumenten in Textform in deine Nachrichten einfügen kannst. Als Plus-Nutzer kannst du stattdessen einfach direkt das Dokument als Datei oder einen Screenshot der Textstelle anhängen.

Die ChatGPT App: Die ChatGPT App ist der Webversion sehr ähnlich, bietet jedoch eine zusätzliche, wertvolle Funktion: die Sprachfunktion. Du kannst deine Nachrichten einfach einsprechen. Anschließend wird deine Sprache automatisch transkribiert, und du kannst das Transkript überarbeiten, bevor du es abschickst. Zusätzlich hast du auch die Option, dich mit ChatGPT so zu unterhalten wie mit anderen Sprachassistenten (etwa Siri oder Alexa).

Nachdem du ChatGPT aktiviert hast, wirst du feststellen, wie intuitiv die Bedienung ist. Warum also dieses Buch? Könntest du nicht einfach mit der KI direkt interagieren und sie bitten, dir Französisch beizubringen? Lass es uns ausprobieren und schicke ChatGPT deinen ersten Prompt.

Wichtig ist, dass die Prompts und Interaktionen mit ChatGPT, die ich hier zeige, nur gekürzte Beispiele sind. In realen Interaktionen kannst du deine Erfahrung erweitern. ChatGPT wird meistens auf deine Anfragen reagieren, wenn du die richtige Herangehensweise wählst. Das ist das sogenannte „Prompting", das du im Laufe dieses Buches lernen wirst. Jeder hier gezeigte Prompt dient als Beispiel. Die reale Erfahrung kann weitaus umfassender und fruchtbarer sein.

DIE ERSTE UNTERHALTUNG

Hey ChatGPT, bitte bring mir Französisch bei.

Natürlich kann ich dir beim Französischlernen helfen! Was genau möchtest du lernen? Grammatik, Vokabeln, Konversation oder etwas anderes? Lass es mich wissen und ich werde mein Bestes tun, um dir zu helfen.

Ähm, alles... Und bitte zeig mir auch, wie ich die französischen Wörter als Deutscher aussprechen kann.

Natürlich! Lass uns mit den Grundlagen beginnen. Hier sind einige grundlegende französischen Ausdrücke und Sätze, die dir den Einstieg erleichtern:

1. Begrüßung:

- Salut ! (Hallo!) - [sa-lü]

- Bonjour ! (Guten Morgen!/Guten Tag!) - [bon-schur]

- Bonsoir ! (Guten Abend!) - [bon-swahr]

2. Vorstellung:

- Je m'appelle [Name]. (Ich heiße [Name].) - [schö ma-pell]

- Enchanté(e). (Schön, dich kennenzulernen.) - [on-schan-te]

- Comment vas-tu ? (Wie geht es dir) - [koh-mon wa-tü]

3. Höflichkeitsformeln:

- S'il vous plaît. (Bitte.) - [sil vu ple]

- Merci. (Danke.) - [mär-si]

- De rien. (Bitte schön.) - [deu rjang]

- Excusez-moi. (Entschuldigung.) - [ex-kü-se mwah]

4. Alltagsfragen:

- Où sont les toilettes ? (Wo ist die Toilette?) - [u song le twa-let]

- Combien ça coûte ? (Wie viel kostet das?) - [kom-bjang sa küt]

- Pouvez-vous m'aider, s'il vous plaît ? (Kannst du mir bitte helfen?) - [pu-veh voo meh-deh, sil vu ple]

- Quelle heure est-il ? (Wie spät ist es?) - [kel ör e-till]

5. Einfache Konversation:

- Comment s'est passé ta journée ? (Wie war dein Tag?) - [kom-mon se pas-se ta schür-ne]

- Quel est ton métier ? (Was machst du beruflich?) - [kel e ton meh-tyeh]

- As-tu des frères et sœurs ? (Hast du Geschwister?) - [a-tü de frär e seur]

- Quels sont tes loisirs ? (Was sind deine Hobbys?) - [kel song te lwah-sir]

Das sind nur einige Beispiele, um dir den Einstieg zu erleichtern. Wenn du spezifische Fragen zur Grammatik, Vokabeln oder zu anderen Themen hast, stehe ich gerne zur Verfügung, um sie zu beantworten. Außerdem kann ich Übungen anbieten, um deine Französischkenntnisse zu verbessern.

Bitte biete mir die Übungen an.

Natürlich! Hier sind ein paar Übungen, mit denen du deine Französischkenntnisse verbessern kannst:

Vokabelübungen:

Erstelle eine Liste mit neuen Vokabeln, die du lernen möchtest. Schreibe die französischen Wörter auf der einen Seite eines Karteikartensets und die Bedeutungen auf der anderen Seite. Gehe die Karten regelmäßig durch, um dir die Vokabeln einzuprägen.

Verwende die neuen Vokabeln in eigenen Sätzen, um sicherzustellen, dass du sie richtig verstehst und anwenden kannst.

Grammatikübungen:

Mache Übungen zur französischen Grammatik, z.B. zu den Verbformen, Zeitformen, Pronomen oder Satzstrukturen. Es gibt zahlreiche Online-Ressourcen und Bücher, die Übungsmaterialien bieten.

Schreibe kurze Texte auf Französisch und überprüfe anschließend, ob die Grammatik korrekt ist. Du kannst auch um Feedback von Muttersprachlern oder Französischlehrern bitten.

Hörverständnisübungen:

Höre französische Podcasts, Radiosendungen, Songs oder schaue französischsprachige Filme und Serien. Versuche, den Inhalt zu verstehen und mache dir Notizen zu wichtigen Informationen.

Nutze Online-Plattformen, die Hörverständnisübungen anbieten. Versuche, Fragen zu beantworten, die den Inhalt des Gehörten betreffen.

Konversationsübungen:

Suche nach französischsprachigen Tandempartnern oder Sprachaustauschgruppen, um regelmäßig auf Französisch zu sprechen.

Stelle dir selbst Fragen zu bestimmten Themen und beantworte sie laut auf Französisch. Das hilft dir, fließendes Sprechen zu üben.

Schreibübungen:

Schreibe Tagebucheinträge oder kurze Geschichten auf Französisch.

Suche nach Schreibaufgaben oder -übungen online, die es dir ermöglichen, deine Schreibfähigkeiten zu verbessern.

Es ist wichtig, regelmäßig zu üben, um Fortschritte beim Französischlernen zu erzielen. Setze dir realistische Ziele und arbeite kontinuierlich daran, deine Kenntnisse zu erweitern.

Mach die Übungen mit mir.

Natürlich! Lass uns mit einigen französischen Vokabeln und Grammatikübungen beginnen, basierend auf den Konzepten der Alltagskonversation, die wir zuvor besprochen haben.

Vokabelübung

Ich werde einige französische Ausdrücke aus den Themenbereichen nennen, die wir besprochen haben, und du kannst versuchen, sie auf Deutsch zu übersetzen. Danach können wir einige Sätze mit diesen Vokabeln bilden. Hier sind die Vokabeln:

-Bonjour (___)

- Enchanté(e) (___)

- Merci (___)

- Comment s'est passé ta journée ? (___)

- Je suis désolé(e) (___)

Grammatikübung

Wir werden uns auf die Bildung einfacher Sätze konzentrieren, um die Anwendung von Verben in der Gegenwart zu üben. Ich gebe dir ein Subjekt und ein Verb, und du bildest einen Satz. Zum Beispiel:

Subjekt: Elle (Sie)

Verb: aller (gehen)

Dein Satz könnte sein: Elle va au marché. (Sie geht zum Markt.)

Sätze bilden

Jetzt zu dir: Bitte übersetze die obigen französischen Vokabeln ins Deutsche und bilde dann einen Satz mit einer der Vokabeln.Es war möglicherweise mühsam und langweilig, den obigen Abschnitt zu lesen, oder? Es entspricht nicht wirklich dem, was man von einer revolutionären neuen Technologie erwartet. Aber erinnere dich an den Lachs und das Baby: Die Qualität der Antworten von ChatGPT hängt entscheidend vom Prompt ab. Im nächsten Kapitel werden wir hierfür einige Techniken kennenlernen, die du sofort anwenden kannst.

KAPITEL 3: CHATGPT TECHNIKEN FÜR EINSTEIGER

Bevor wir uns in die fortgeschrittenen ChatGPT Techniken und exklusiven Inhalte dieses Buches vertiefen, möchte ich sicherstellen, dass du die grundlegenden Techniken kennst, um effektiv mit ChatGPT zu arbeiten. Dieses Kapitel soll allen Lesern einen gemeinsamen Ausgangspunkt bieten. Falls du dich bereits mit den hier vorgestellten Grundlagen auskennst, sieh dieses Kapitel als Auffrischung. Doch lass dich nicht täuschen: Das Herzstück dieses Buches und die wirklich bahnbrechenden Methoden und Techniken folgen in den späteren Kapiteln. Diese wirst du nirgendwo anders finden. Ich empfehle dir also dranzubleiben, selbst wenn du denkst, dass du einige der hier vorgestellten Basics schon kennst. Das Beste kommt noch!

WICHTIGER HINWEIS FÜR SPRACHANFÄNGER:

Solltest du noch gar keine Erfahrung mit der französischen Sprache haben, könnten dir ein paar der folgenden Beispiele vielleicht etwas schwerfallen. Lass dich davon nicht demotivieren; es geht hier zunächst darum, ChatGPT näherzubringen, nicht die französische Sprache. Du musst also keines der französischen Wörter verstehen. Falls du das dennoch willst, empfehle ich dir vorab einen kleinen Abstecher zu Kapitel 7: „Französisch leicht gedacht“ zu machen. Hier lernst du unter anderem, wie du mit nur 100 Wörtern 50 % der französischen Alltagssprache verstehst. Anschließend kannst du dann hier weitermachen, um die folgenden Techniken mit ChatGPT besser zu verstehen.

Tipp: Drucke dir jetzt die Liste der 100 wichtigsten französischen Wörter aus, oder noch besser: Schreibe sie auf Vokabelkarten. Nutze diese Wörter, während du mit ChatGPT schreibst, und formuliere mit ihnen französische Sätze. Diese Sätze müssen noch nicht vollständig sein; es genügen simple Zwei- bis Drei-Wort-Zusammenhänge, wie sie auch ein Kleinkind verwenden würde.

DIE 100 WICHTIGSTEN FRANZÖSISCHEN WÖRTER

le / la (der / die) - [lö / la]

de (von, aus) - [dö]

un / une (ein, eine) - [öng / ün]

être (sein) - [ät-ruh]

et (und) - [e]

à (zu, an) - [a]

avoir (haben) - [a-vwar]

que (dass, welche) - [kü]

pour (für, zu, um zu) - [puhr]

dans (in, auf) - [dang]

ce / cette (dieser / diese) - [sö / sät]

il / elle (er / sie) - [ill / ell]

qui (wer, der, die) - [ki]

ne (nicht [Teil der Verneinung]) - [nö]

sur (auf, über) - [sür]

se (sich) - [sö]

pas (nicht [Verneinungspartikel]) - [pa]

plus (mehr) - [plü]

pouvoir (können, dürfen) - [pu-vwar]

ici (hier) - [i-si]

là (da, dort) - [la]

sans (ohne) - [sang]

pourquoi (warum) [pur-kwa]

temps (Zeit) - [tong]

vie (Leben) - [vi]

jour (Tag) - [schur]

chose (Sache, Ding) - [schos]

entre (zwischen) - [ong-truh]

après (nach) - [a-prä]

vouloir (wollen) - [vu-lwar]

homme (Mann) - [om]

monde (Welt) - [mongd]

enfant (Kind) - [ang-fong]

peu (wenig) - [pö]

grand (groß) - [grong]

là (dort) - [la]

votre (Ihr, Ihre) - [vo-truh]

toujours (immer) - [tu-schur]

par (durch, von) - [par]

je (ich) - [schö]

avec (mit) - [a-vek]

tout (alle, alles) - [tu]

faire (machen, tun) - [fär]

son (sein, ihr)- [song]

mettre (setzen, stellen) - [mät-ruh]

autre (anderer, andere, anderes) - [otr]

on (man, wir) - [ong]

mais (aber) - [mä]

nous (wir, uns) - [nu]

comme (wie, als) - [komm]

ou (oder) - [u]

si (wenn, ob) - [si]

leur (ihr [Plural]) - [lör]

y (daran, dorthin) - [i]

dire (sagen) - [dihr]

devoir (müssen) - [dö-vwar]

avant (vor [zeitlich]) - [a-vong]

deux (zwei) - [dö]

même (selbst, sogar) - [mäm]

croire (glauben) - [krwa-r]

dernier (letzter) - [dern-jä]

parler (sprechen) - [par-lä]

premier (erster) - [prö-mjä]

garder (bewahren) - [gar-dä]

chaque (jeder) - [schak]

nouveau (neu) - [nu-vo]

partir (weggehen) - [par-tihr]

vieux (alt) - [vjö]

moyen (Mittel) - [mwa-jäng]

petit (klein) - [pö-ti]

haut (hoch) - [o]

jeune (jung) - [schön]

aller (gehen) - [a-lä]

même (gleich) - [mäm]

très (sehr) - [trä]

famille (Familie) - [fa-mij]

depuis (seit) - [dö-püi]

point (gar nicht) - [pwang]

trouver (finden) - [tru-vä]

passer (vorbeigehen) - [pa-sä]

prendre (nehmen) - [pränd-ruh]

aussi (auch) - [o-si]

celui (derjenige) - [sö-lüi]

donner (geben) - [don-nä]

fois (Mal) - [fwah]

vous (Sie, ihr) - [vu]

aucun (kein, keine) - [o-käng]

mon (mein) - [mong]

Comprendre (verstehen) [kong-prändr]

bien (gut) - [bjäng]

rester (bleiben) - [räs-tä]

penser (denken) - [pang-sä]

suivant (nächster) - [süi-vong]

rien (nichts) - [rjang]

chaque (jeder) - [schak]

nouveau (neu) - [nu-vo]

aller (gehen) - [a-lä]

différent (verschieden) - [di-fe-rong]

Sehen wir uns nun ein paar ChatGPT-Techniken an:

Technik 1: Grundlegende Konversation

Starte mit einfachen Gesprächen auf Französisch. Aufforderungen wie: „Erzähl mir von einem coolen Film, in so einfacher französischer Sprache, als wäre ich ein Kleinkind." oder „Was ist die Geschichte des Buches Le Petit Prince? Antworte in sehr einfachem Französisch." sind ideal, um Antworten von ChatGPT zu generieren.

Technik 2: Einfache Anfragen

Bitte ChatGPT, dir einfache französische Sätze oder Redewendungen zu erläutern, wie zum Beispiel: "ChatGPT, könntest du den Ausdruck „l'habit ne fait pas le moi" neerklären?"

Technik 3: Übersetzungen

Präsentiere ChatGPT einen Satz in deiner Muttersprache und lasse ihn diesen ins Französische übersetzen. Anschließend kannst du den französischen Satz analysieren und probieren, ihn zurück in deine Sprache zu übersetzen.

Technik 4: Lesen und Zusammenfassen

Fordere ChatGPT auf, einen kurzen französischen Text zu erstellen, den du dann in deiner Sprache zusammenfassen kannst, etwa: "ChatGPT, kannst du eine Kurzgeschichte über einen Hund in sehr einfachem Französisch schreiben?".

Technik 5: Rechtschreib- und Grammatikcheck

Verfasse einen französischen Text und bitte ChatGPT, diesen auf mögliche Rechtschreib- und Grammatikfehler zu überprüfen, z.B.: "ChatGPT, kannst du diesen Text auf Fehler überprüfen?".

Technik 6: Geschichten-Erweiterung

Lass dir von ChatGPT den Anfang einer Geschichte liefern und führe diese dann auf Französisch fort: „ChatGPT, kannst du eine

Geschichte über ein Weltraumabenteuer erzählen? Antworte bitte in sehr einfachem Französisch".

Technik 7: Rollenspiele mit Charakteren

Bitte ChatGPT, eine Rolle zu übernehmen (etwa einen französischen Historiker oder mittelamerikanischen Restaurantbesitzer) und führe dann ein Gespräch auf Französisch mit dieser Figur.

Technik 8: Quiz und Rätsel

Lass dir von ChatGPT Quizfragen oder Rätsel auf Französisch erstellen, beispielsweise: "ChatGPT, kannst du ein Quiz über französische Redewendungen erstellen?").

Technik 9: Virtuelle Ausflüge

Erhalte von ChatGPT eine Beschreibung eines Ortes in einer französisch-sprachigen Stadt, als wärest du dort: „ChatGPT, beschreibe einen Spaziergang durch die Gassen von Barcelona. Antworte in sehr einfachem Französisch.".

Technik 10: Fehlerjagd

Bitte ChatGPT, einen Text mit absichtlichen Fehlern zu verfassen, die du dann korrigieren sollst: „ChatGPT, könntest du einen Absatz eines französischen Grundschülers mit absichtlichen Fehlern schreiben, den ich dann korrigieren kann?".

Probiere verschiedene Prompts aus und finde heraus, welche Technik am besten zu dir passt. Die oben vorgestellten Beispiele sind deshalb so einfach gehalten, da ich sie mithilfe von ChatGPT erstellt habe. Mit detaillierten und spezifischen, selbst geschriebenen Anweisungen erzielst du bessere Ergebnisse.

So wie im folgenden Beispiel:

> Thema: Floristik | Level: Einsteiger | Format: Kombination aus Multiple Choice und ausführlichen Antworten | Anzahl der Fragen: 10

Bitte erstelle die angegebene Anzahl an Prüfungsfragen basierend auf dem ausgewählten Thema und Level, um meine Kenntnisse zu bewerten. Nach jeder meiner Antworten wünsche ich mir ein konstruktives Feedback. Fahre mit den Fragen fort, bis die angegebene Anzahl an Fragen erreicht ist. Bewerte am Ende meine Gesamtleistung und gib Hinweise, wo Verbesserungspotenzial besteht, basierend auf den Fehlern, die ich gemacht habe.

Selbstverständlich! Lass uns mit der ersten Frage beginnen:

Frage 1 (Multiple Choice): *Welche der folgenden Pflanzen ist KEINE Zierpflanze?*

a) Rose

b) Lavendel

c) Weizen

d) Tulpe

Bitte gib deine Antwort an.

(Nachdem du geantwortet hast, werde ich mit dem Feedback fortfahren und zur nächsten Frage übergehen.)

c

Richtig! Weizen ist eine Getreideart und keine Zierpflanze. Gut gemacht!

Frage 2 (Ausführliche Antwort): *Was sind die Hauptfaktoren, die man bei der Pflege von Schnittblumen beachten sollte, um ihre Frische zu bewahren?*

Bitte gib deine Antwort ab.

(Nachdem du geantwortet hast, werde ich mit dem Feedback fortfahren und zur nächsten Frage übergehen.)

Sie ins Wasser stellen?

Das ist ein wichtiger Faktor, ja! Schnittblumen benötigen frisches Wasser, um ihre Frische zu bewahren. Allerdings gibt es noch weitere Faktoren, die berücksichtigt werden sollten:

Frisches Wasser: Wie du bereits erwähnt hast, ist es wichtig, die Blumen in frisches Wasser zu stellen und dieses regelmäßig zu wechseln.

Schnittstellen auffrischen: Das Schneiden der Stiele unter einem Winkel kann helfen, die Wasseraufnahme zu verbessern.

Vermeiden von direktem Sonnenlicht: Ein Platz im Schatten kann die Lebensdauer verlängern.

Frischhaltemittel: Einige Schnittblumen profitieren von speziellen Frischhaltemitteln, die dem Wasser zugesetzt werden können.

Reinheit: Das Wasser sollte sauber sein, und es sollte kein Laub im Wasser sein, da dies die Bildung von Bakterien fördert.

Nun zur nächsten Frage!

***Frage 3 (Multiple Choice):** Welche der folgenden Pflanzen ist für ihre duftenden Blüten bekannt?*

a) Kaktus

b) Farn

c) Jasmin

d) Efeu

Bitte gib deine Antwort an.

… es folgen weitere Fragen und Antworten und am Ende das Fazit:

Du hast von den gestellten Fragen den Großteil korrekt beantwortet. Deine Kenntnisse im Bereich der Floristik auf Einsteiger-Niveau sind solide.

Verbesserungsvorschläge:

- Bei ausführlichen Antworten könntest du versuchen, noch etwas detaillierter zu antworten, um ein tieferes Verständnis des Themas zu demonstrieren.

- Es wäre auch hilfreich, weiterführende Literatur oder Online-Ressourcen zur Floristik zu studieren, um dein Wissen weiter zu vertiefen.

Insgesamt machst du jedoch gute Fortschritte! Weiter so!

Prompts funktionieren besonders gut, wenn du sie auf Französisch an ChatGPT richtest. Auf diese Weise erkennt die KI sofort, dass du eine überwiegend französischsprachige Konversation anstrebst. ChatGPT ist es gewohnt, Nutzern zu begegnen, die in rudimentärem Französisch kommunizieren. Daher wird er dich sicherlich verstehen, selbst wenn du Schwierigkeiten hast, flüssige Sätze zu formulieren. Unbekannte französische Wörter kannst du problemlos durch deutsche Begriffe ersetzen.

Hier ein überspitztes Beispiel:

Bonjour, s'il vous plaît, maître mot sujet Littérature. Simple ta langue à le enfant langue, s'il vous plaît. Antworte in sehr kurzen französischen Sätzen, die sehr leicht zu verstehen sind.

Bonjour ! Bien sûr, je peux répondre en français simple sur le thème de la littérature. Comment puis-je t'aider ?

was heißt puis-je t'aider?

"puis-je t'aider" bedeutet „kann ich dir helfen" auf Französisch. Wie kann ich dir bei Fragen zum Thema Literatur helfen?

Oui

Je suis là pour t'aider. As-tu une question spécifique sur la littérature ou un sujet en particulier qui t'intéresse ?

En francais auteur

Un auteur en français est une personne qui écrit des livres, des contes, de la poésie ou d'autres œuvres littéraires. Certains auteurs célèbres en français incluent Victor Hugo, Marcel Proust, Albert Camus, et Simone de Beauvoir. Souhaites-tu en savoir plus sur un auteur particulier ou un aspect de la littérature française ?

Camus

Albert Camus était un éminent auteur français, célèbre pour ses œuvres existentialistes. Son roman le plus connu est "L'Étranger", qui est considéré comme une œuvre majeure de la littérature du 20ème siècle. Camus a reçu le Prix Nobel de Littérature en 1957 pour sa contribution à la littérature française. Souhaiterais-tu en savoir plus sur son œuvre ou un aspect spécifique de sa carrière ?

Solltest du etwas nicht verstehen, kannst du ChatGPT stets darum bitten, es dir auf Deutsch zu erläutern. Es ist ebenfalls möglich, gänzlich auf Deutsch mit ChatGPT zu interagieren. Da dein Ziel jedoch das Erlernen der französischen Sprache ist, ist es vorteilhaft, wenn du, wann immer möglich, auf Französisch zurückgreifst.

Je komplexer der Prompt und je begrenzter dein Wortschatz, desto herausfordernder wird es, den Prompt in Französisch zu formulieren. Dennoch solltest du den Versuch wagen.

Falls es nicht klappt, hast du immer noch eine hilfreiche Option zur Hand – ChatGPT kann dir dabei helfen, den Prompt ins Französische zu übertragen.

Nun fragst du dich vielleicht: Warum diesen zusätzlichen Schritt unternehmen und nicht direkt auf Deutsch formulieren, wenn ChatGPT die Eingabe ohnehin versteht? Der Grund liegt in der ersten Nachricht eines Chats. Sie definiert den Kontext für die gesamte folgende Unterhaltung. Bei simplen Gesprächen kann ChatGPT den Kontext zwar flexibel anpassen, doch bei komplexen Anfragen erschwerst du es der KI unnötig, dir effektiv zu assistieren.

KAPITEL 4: DIE PSYCHOLOGIE DES LERNENS

Nachdem du nun die Grundlagen von ChatGPT kennst, wollen wir tiefer in das Thema Lernen eintauchen. Im nächsten Kapitel werden wir uns damit befassen, wie man mithilfe von ChatGPT nahezu alles simulieren kann. Diese Fertigkeit nutzen wir, um den idealen Lernprozess zu simulieren. Um das zu bewerkstelligen, müssen wir aber zuerst verstehen, wie Lernen funktioniert und was den idealen Lernprozess ausmacht.

SO FUNKTIONIERT LERNEN IM GEHIRN

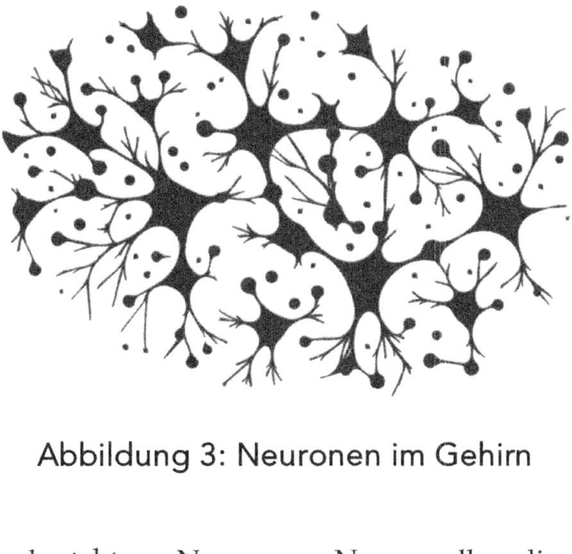

Abbildung 3: Neuronen im Gehirn

Unser Gehirn besteht aus Neuronen – Nervenzellen, die miteinander verbunden sind und sich gegenseitig Signale senden. Die

Verbindungen zwischen den Neuronen werden Synapsen genannt. Je öfter dieselben Neuronen miteinander kommunizieren, desto fester wird diese Verbindung. Werden mehrere dieser Verbindungen genutzt, bildet sich ein neuronaler Pfad, den das Gehirn bevorzugt verwendet.

Stell dir das Gehirn als riesige Stadt vor. In dieser Stadt repräsentieren Straßen und Wege die neuronalen Verbindungen. Die Häuser entsprechen den Neuronen. Aus jedem Haus kommen und gehen Menschen, die Nachrichten übermitteln, vergleichbar mit den Signalen zwischen den Neuronen. Die Straßen, welche die Häuser verbinden, entsprechen unseren Synapsen. Je breiter diese Straßen, desto mehr "Menschen" – oder Signale – können sie passieren.

Wenn du beginnst, Französisch zu lernen, legst du anfangs kleine Wege in dieser Stadt an. Die ersten Vokabeln könnten wie schmale Pfade zu neuen, interessanten Plätzen sein. Je öfter du diese Wege nutzt, etwa um „bonjour", „oui" oder „non" zu sagen, desto breiter werden sie. Sie könnten sich zu Hauptstraßen oder Autobahnen entwickeln, die deine Gedanken zügig und effizient leiten. Sprachen sind wie ein Netz aus Wegen und Straßen. Doch wie in jeder Stadt gibt es auch hier Straßen, die selten genutzt werden und verfallen. Wenn du zum Beispiel aufhörst, Französisch zu lernen, werden einige Wege weniger genutzt und könnten überwuchert werden.

Genauso wie in einer realen Stadt, wo neue Attraktionen Menschen neue Wege entdecken lassen, verhält es sich auch in deinem Gehirn. Vertiefst du dich in die französische Sprache, entdeckst du vielleicht neue Vokabeln und Zusammenhänge. Anfangs sind die Verbindungen zwischen diesen Wörtern nur schmale Pfade, doch mit Wiederholung und Übung können sie zu belebten Straßen werden.

Abschließend: Deine "Gehirn-Stadt" ist ständig im Wandel. Sie passt sich an, je nachdem welche "Straßen" du häufig benutzt oder vernachlässigst. Neue Sprachen, Fähigkeiten oder Erinnerungen tragen zur stetigen Veränderung des Netzwerks dieser Stadt bei.

Die Netzwerke in deinem Gehirn ergeben Muster, die Gedanken und mentale Bilder repräsentieren und sich gegenseitig beeinflussen. Dies kann man sich wie ein Musikstück vorstellen, das durch Noten abgebildet wird: Einige Noten harmonieren gut miteinander und bilden einen Akkord, der häufig gespielt wird. Akkorde und Noten auf dem richtigen Rhythmus ergeben eine Melodie. Diese kann notiert und als Muster beispielsweise auf einer CD gespeichert werden. Wird die CD abgespielt, erklingt die Melodie erneut - sie wird "erinnert".

Mit den oben erläuterten Erkenntnissen können wir Lernprinzipien definieren und ihre Effektivität überprüfen. Anstatt das Rad neu zu erfinden, können wir uns auf bereits etablierte und wissenschaftlich fundierte Prinzipien stützen. Die Lernpsychologie hat im Laufe der Jahre umfangreiche Forschung in diesem Bereich betrieben und uns konkrete, bewährte Prinzipien vorgeschlagen.

4 PRINZIPIEN DER LERNPSYCHOLOGIE

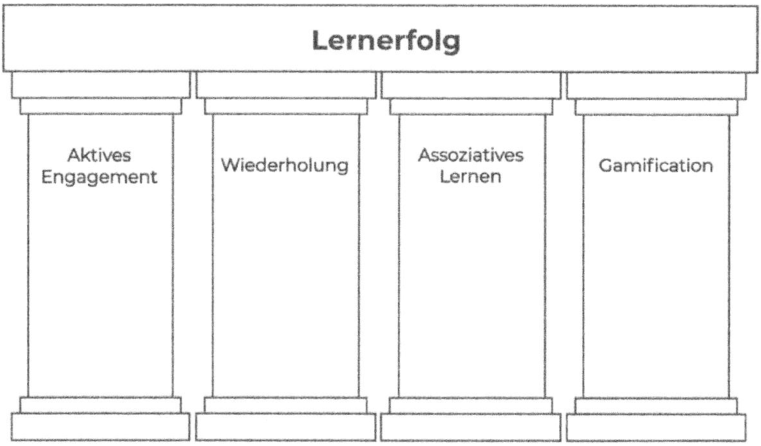

Abbildung 4: Prinzipien der Lernpsychologie

Während viele gängige Mythen unsere Lernkultur überfluten, bieten diese vier Säulen der Lernpsychologie nachweislich optimierte Ansätze für den Lernprozess. Sie basieren auf jahrelanger Forschung und experimentellen Studien. Hier sind die vier mächtigsten psychologischen Prinzipien und die damit verbundenen Lerneffekte, die dir helfen werden, deinen Lernprozess zu optimieren:

PRINZIP 1: AKTIVES ENGAGEMENT

Passiver Konsum von Informationen, etwa durch bloßes Lesen oder Zuhören, kann niemals mit aktivem und interaktivem Lernen konkurrieren. Aktives Engagement mit Lerninhalten ist neurologisch effektiver als Konsum, da es eine tiefere Verarbeitung der Information ermöglicht und stärkere neuronale Verbindungen fördert. Durch aktives Lernen werden mehrere Gehirnregionen stimuliert, Feedback-Schleifen etabliert und die Inhalte werden in einen breiteren Kontext eingebettet. Dieser Prozess erhöht die emotionale Beteiligung und ermöglicht eine bessere Konsolidierung des Wissens im Langzeitgedächtnis. Kurzum: Eine belebte Stadt mit tollen Events wird häufiger besucht als ein Dorf, das schlecht erreichbar ist. Aktives Engagement ist der einfachste Weg, unser Hirn zu einer französischsprachigen Metropolregion zu machen. Um aktives Engagement zu nutzen, können wir von den folgenden Effekten Gebrauch machen:

Active Recall: Auf Deutsch lässt sich "Active Recall" mit "aktives Abrufen" übersetzen. Das Prinzip dahinter ist einfach: Versuche, dich bewusst an Lerninhalte zu erinnern, ohne die Lernmaterialien direkt vor dir zu haben.

Ein Beispiel: Statt einen gelesenen Text erneut durchzugehen, versuchst du dich an seine Hauptpunkte zu erinnern und sie in eigenen Worten zu formulieren. Dieser Abrufprozess stärkt neuronale Verbindungen und fördert die Übertragung von Informationen vom Kurzzeit- ins Langzeitgedächtnis. Das Besondere am Active Recall ist, dass nicht das Eingeben von Informationen, sondern das bewusste Abrufen den Lerneffekt steigert. Das Gehirn speichert das, was es häufig abruft und daher als nützlich empfindet.

Ein anschauliches Beispiel bietet das Vokabellernen: Ein Set von Wörtern wird wiederholt, um dem Gehirn vorzutäuschen, dass diese Wörter regelmäßig verwendet werden. Wenn du jedoch eine

Vokabelkarte sofort umdrehst, sinkt der Lerneffekt, da dein Gehirn denkt, es muss die Übersetzung nicht kennen. Aber wenn du länger über ein unbekanntes Wort nachdenkst, sucht dein Gehirn aktiv nach bereits vorhandenen Verknüpfungen.

Overlearning: Das Konzept des Overlearning bezieht sich auf das Vertiefen und Festigen von neuem Wissen durch aktives Nachdenken und Verknüpfen mit bereits Bekanntem. Dabei geht es nicht nur darum, Informationen zu wiederholen, sondern sie in einen größeren Zusammenhang zu setzen. Das stellt man beispielsweise durch Fragen sicher, wie "Warum passiert das?" oder "Wie funktioniert das genau?". Durch die Antworten auf diese Fragen wird nicht nur das Gedächtnis gestärkt, sondern auch das Verständnis vertieft.

Um Overlearning zu praktizieren, können wir uns eine Lernstrategie von den Superlernern schlechthin abgucken: Kindern. Kinder fragen ständig „Warum?“. Während unsere Eltern irgendwann keine Antwort mehr liefern konnten, und feststellen: „Es ist einfach so“, erklärt uns ChatGPT mit Engelsgeduld in verständlicher Sprache und sehr akkurat, warum etwas ist, wie es ist. Dieser Ansatz ist hervorragend, denn er arbeitet mit unseren wirklichen Interessen und verbindet es mit bisherigem Wissen. Und es macht viel mehr Spaß als bestimmte Regeln einfach auswendig zu lernen.

Generation-Effekt: Stell dir vor, du musst eine Antwort oder Lösung selbst finden, anstatt sie einfach vorgesetzt zu bekommen. Dein Gehirn muss tiefer graben und bestehendes Wissen aktivieren, um zur richtigen Lösung zu kommen. Dieser Prozess des eigenen Erarbeitens hinterlässt einen bleibenden Eindruck. Stell dir vor, du bist in einem fremden Land ohne Wörterbuch unterwegs und erkennst, dass sich die Menschen immer wieder mit denselben Wörtern begrüßen. Irgendwann versuchst du selbst die Worte korrekt zu formen, und entfachst ein Lächeln auf den Gesichtern der Einheimischen. Die Begrüßungsformel wirst du danach nie wieder vergessen. Hättest du stattdessen ein Wörterbuch verwendet, um von Zuhause aus nach der Begrüßungsformel zu suchen, wäre das sicher anders.

Erklärungs-Effekt: Du kennst sicher das Gefühl, dass du ein Thema erst richtig verstanden hast, wenn du es jemand anderem erklären konntest. Das Verbalisieren und Rekonstruieren von Wissen in deinen eigenen Worten zwingt dich, das Gelernte gründlicher zu überdenken und Lücken in deinem Verständnis zu identifizieren. Dieser Prozess verstärkt sowohl dein Verständnis als auch die Erinnerung an den Lernstoff. Vielleicht ist es gerade dieser Effekt, der dazu führt, dass Eltern das „Warum"-Fragespiel der Kinder oft unterbrechen. Ihnen ist es unangenehm, im Kern nicht sagen zu können, warum etwas so ist.

Testing-Effekt: Hierbei geht es darum, dass das aktive Testen oder Abfragen von Wissen oft effektiver ist als das bloße Wiederholen von Informationen. Stell dir vor, du lernst für einen Test, indem du einfach deine Notizen durchliest. Dieser passive Ansatz ist weniger effektiv, als wenn du dich selbst testest und versuchst, Fragen zu beantworten, bevor du die Lösung überprüfst. Beim Selbsttesten ist dein Gehirn gezwungen, auf gespeicherte Informationen zuzugreifen und diese zu rekonstruieren, wodurch die Erinnerung verstärkt wird.

PRINZIP 2: REGELMÄßIGE ÜBERPRÜFUNG UND WIEDERHOLUNG

Die Kunst des Lernens liegt nicht im einmaligen Verstehen, sondern in der dauerhaften Verankerung im Gedächtnis. So vermeidest du Aussagen wie: „Das wusste ich doch mal.", oder „Eigentlich weiß ich das ja." und lernst nichts unnötig doppelt. Das Gehirn muss erkennen, dass die Sprache nützlich ist, und dafür muss es sie regelmäßig verwenden. Tägliches Französisch muss zur Gewohnheit werden, sonst lässt du die Chance verstreichen, es schnell und einfach zu lernen.

Spaced Repetition: Spaced Repetition, oder zu Deutsch „verteilte Wiederholung", mag einen komplizierten Namen haben, dreht sich aber nur darum, den richtigen zeitlichen Abstand für Lerneinheiten zu finden. Das klingt vielleicht banal, ist aber äußerst wichtig.

Mithilfe des Spacing-Effekts bekämpfen wir den Erzfeind des Lernens: die Vergessenskurve!

Erinnerst du dich an die neu gebauten Wege und Straßen, die entstehen, während du Französisch lernst? Jetzt stelle dir vor, einige dieser Straßen werden nicht regelmäßig genutzt. Mit der Zeit verfällt der Asphalt, Unkraut sprießt durch die Risse, und ohne regelmäßige Wartung oder Verkehr kann die einst belebte Straße in Vergessenheit geraten.

Dieses Phänomen, bei dem Informationen, die nicht regelmäßig abgerufen oder angewendet werden, verblassen oder sogar verloren gehen, ist neurologisch fundiert und wird durch die sogenannte Vergessenskurve dargestellt. Auf neuronaler Ebene können Synapsen, die nicht oft aktiviert werden, schwächer werden und schließlich verkümmern.

Zu Beginn des späten 19. Jahrhunderts wollte der deutsche Psychologe Hermann Ebbinghaus herausfinden, wie und wann unsere Synapsen für Lerninhalte verkümmern. Durch Selbstexperimente, bei denen er Nonsens-Silben – also Wörter ohne echte Bedeutung – verwendete, fand er heraus, wann das Vergessen einsetzt und wie es hinausgezögert und schließlich gestoppt werden kann. Beeindruckend ist, dass er diesen gesamten Vorgang in nur einer Grafik festhielt: der Vergessenskurve. Sie zeigt uns bis heute, wie schnell unser Gedächtnis Informationen verliert, wenn sie nicht wiederholt werden.

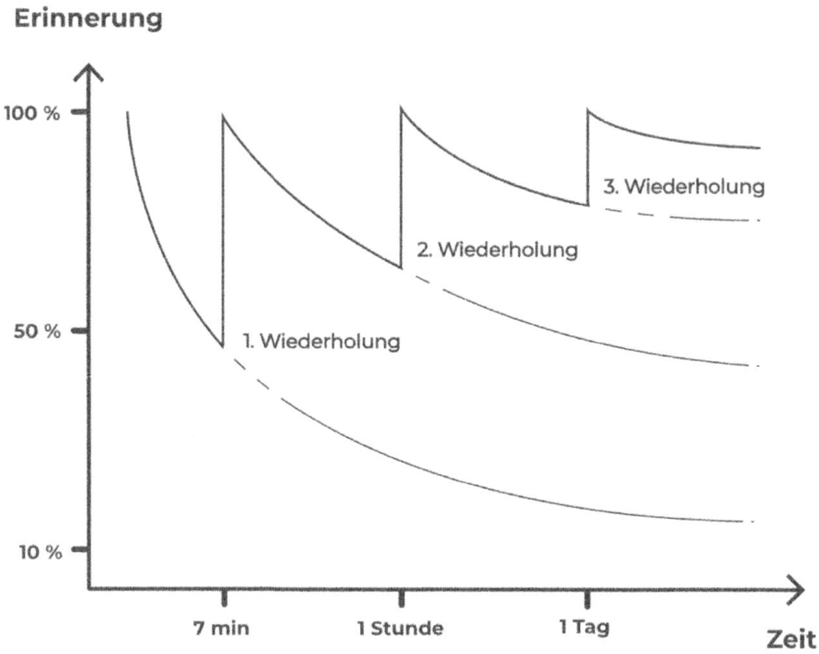

Abbildung 5: Vergessenskurve

Stell dir vor, du lernst heute das französische Wort „parapluie" – auf Deutsch „Regenschirm". Direkt nach dem Lernen dieses Wortes erinnerst du dich zu 100 %. Das Wort ist frisch im Gedächtnis, und du könntest es problemlos abrufen.

Schau nun auf die Grafik der Vergessenskurve oberhalb dieses Textes. Du wirst feststellen, dass die Kurve zu Beginn steil abfällt. Das bedeutet: Wenn du „parapluie" nicht wiederholst, wird die Wahrscheinlichkeit, dass du dich an dieses Wort erinnerst, innerhalb der nächsten 24 Stunden stark abnehmen. Schon am nächsten Tag könntest du vielleicht nur noch zu 60 % sicher sein, was „parapluie" bedeutet. Nach weiteren 24 Stunden könnten es nur noch 30 % sein. Ohne Wiederholung könntest du die Bedeutung von „parapluie" innerhalb einer Woche fast völlig vergessen haben.

Doch hier wird es interessant: Nehmen wir an, du wiederholst „parapluie" am nächsten Tag, kurz bevor du das Wort fast vergessen hättest. Deine Erinnerung wird aufgefrischt, und du erinnerst dich wieder fast zu 100 % an das Wort. Diesmal – und das zeigt die flachere Kurve in der Grafik – wird der Vergessensprozess langsamer voranschreiten. Nach weiteren 48 Stunden kannst du dich dann immer noch zu 70 % erinnern.

Mit jeder gezielten Wiederholung, besonders wenn sie kurz vor dem "kritischen Punkt des Vergessens" erfolgt, flacht die Kurve weiter ab. Nach mehreren Wiederholungen wird „parapluie" fest in deinem Gedächtnis verankert sein. Selbst nach Wochen ohne Wiederholung könntest du das Wort noch zuverlässig abrufen. Das ist das Prinzip von Spaced Repetition. Es geht darum, Wissen genau dann zu wiederholen, wenn die Vergessenskurve am meisten abflachen kann. So kann Wissen in kürzerer Zeit sicher gespeichert werden.

Lassen wir mal ChatGPT erklären, wie das in der Praxis aussieht:

> *Die Verwendung von Spaced Repetition Systemen (SRS) zur Vokabellernung kann die benötigte Lernzeit erheblich reduzieren und die Merkfähigkeit erhöhen, im Vergleich zu traditionellen Lernmethoden. Hier ist ein grober Ablauf, wie lange es in reiner Lernzeit mit SRS dauern könnte, um ein einfaches französisches Wort zu lernen:*
>
> **1. Erste Exposition:** *Das neue Wort wird vorgestellt, oft mit einer Übersetzung, einem Bild oder einem Beispiel. Diese erste Einführung könnte zwischen 10 und 30 Sekunden dauern, abhängig von der Komplexität des Wortes und den verknüpften Informationen.*
>
> **2. Erste Wiederholung:** *Nach einer kurzen Pause (vielleicht 5-10 Minuten) wird das Wort erneut abgerufen. Dies könnte weitere 10-20 Sekunden in Anspruch nehmen.*
>
> **3. Zweite Wiederholung:** *Nach einer längeren Pause, vielleicht ein paar Stunden bis zu einem Tag, wird das Wort wieder abgerufen. Diese Überprüfung könnte ebenfalls 10-20 Sekunden dauern.*
>
> **4. Dritte Wiederholung:** *Ein paar Tage nach der vorherigen Wiederholung wird das Wort erneut abgerufen. Auch hier, 10-20 Sekunden.*
>
> **5. Weitere Wiederholungen:** *Im Laufe der nächsten Tage und Wochen werden weitere Wiederholungen durchgeführt, wobei die Intervalle zwischen den Überprüfungen immer länger werden.*

Insgesamt könnte die gesamte reine Lernzeit, verteilt über mehrere Wochen, zwischen 5 und 10 Minuten pro Wort betragen. Es ist wichtig zu beachten, dass diese Schätzungen je nach der spezifischen SRS-Software, der Komplexität des Wortes und der individuellen Lernfähigkeit des Benutzers variieren können.

Spaced Repetition sollte nicht unterschätzt werden. Stell dir vor, du würdest dir ein Wort sechsmal für jeweils 10 Sekunden ansehen und es dann komplett vergessen, weil die Zeit zwischen den Wiederholungen zu lang war. Oder andersherum: Du würdest dir das Wort 12 Mal in einem Zeitraum ansehen, in dem sechs Mal ausgereicht hätten. In beiden Fällen hättest du eine Minute "verschwendet". Das klingt zunächst nicht nach viel, aber wenn dir das regelmäßig passiert, weil du ohne den Effekt des "Spacing" arbeitest und deshalb systematisch falsch wiederholst, summieren sich die Verluste. Bei 1000 Wörtern würdest du in unserem Beispiel 16 Stunden und 40 Minuten mehr lernen müssen.

Natürlich gibt es kein absolutes Vergessen, und das Beispiel ist stark vereinfacht, aber das Grundprinzip bleibt bestehen. Es sind genau diese Details, die uns ermöglichen, um ein Vielfaches schneller Französisch zu lernen als der Durchschnitt.

In den letzten Jahren wurden viele Softwareprogramme entwickelt, um das Phänomen der Spaced Repetition optimal zu nutzen. Diese Programme automatisieren und optimieren den Lernprozess. Neben Anki, einem der bekanntesten kostenlosen Programme dieser Art, gibt es auch andere beliebte Optionen wie Quizlet, Memrise und SuperMemo. Diese Programme und Apps bieten nicht nur digitale Vokabelkarten, sondern auch intelligente Algorithmen, die genau berechnen, wann es Zeit ist, bestimmte Informationen zu wiederholen, um das Vergessen zu minimieren.

Die meisten dieser Programme bieten ähnliche Funktionen, wie z. B. Benutzerfreundlichkeit, Anpassungsfähigkeit an den individuellen Lernfortschritt und Verfügbarkeit auf verschiedenen Geräten. Das ermöglicht dir, jederzeit und überall auf deine Lerninhalte zuzugreifen. Ein weiterer Vorteil dieser digitalen Lösungen ist die Möglichkeit, interaktive Elemente, Bilder oder sogar Audios einzubinden, was den Lernprozess abwechslungsreicher und eindrücklicher macht.

Das Wichtigste ist jedoch, dass diese Programme Zeit sparen, indem sie die Wiederholungen der Karten optimal auf dich abstimmen. Außerdem sind sie auf Smartphones verfügbar und daher immer griffbereit. Selbst wenn du ein großer Fan von Papierkarten bist, lohnt es sich, auf digitale Lösungen umzusteigen.

Wenn wir nicht nur Spaced Repetition, sondern auch alle anderen psychologischen Effekte aus diesem Kapitel dank ChatGPT richtig anwenden (siehe Kapitel 6), können wir es auf wenige Minuten Lernzeit pro Wort schaffen.

PRINZIP 3: ASSOZIATIVES LERNEN

Wie bereits erwähnt, wird jegliches Wissen in unserem Gehirn in Form von Neuronenmustern gespeichert. Diese Muster entstehen, weil Neuronen miteinander assoziiert sind. Durch die Effekte des assoziativen Lernens nutzen wir diese Grundstruktur, um Neuronen mit minimalem Aufwand effektiv miteinander zu verknüpfen und das Gedächtnis zu stärken.

Daran bedienen sich auch spezielle Erinnerungstechniken: Sogenannte Mnemotechniken präsentieren Informationen in einer Form, die für unser Gehirn leichter verständlich und erinnerbar ist. Dies kann durch die Verwendung von Bildern, Geschichten, Rhythmen und anderen Mitteln erreicht werden, die eine Brücke zwischen dem, was wir bereits wissen, und dem, was wir lernen wollen, schaffen. Besonders beim Erlernen einer Fremdsprache, wie dem Französischen, kommen die Vorteile des assoziativen Lernens durch Mnemotechniken zum Tragen.

Lass uns die wichtigsten assoziativen Lerneffekte und einige zugehörige Mnemotechniken durchgehen.

Chunking: Informationen werden in kleinere, bedeutungsvolle Gruppen oder "Chunks" unterteilt, was das Erinnern erleichtert. Es wird oft verwendet, um lange Zahlen oder Listen von Wörtern zu merken. Angenommen, du möchtest die Bedeutung des Wortes "parapluie" (Regenschirm) lernen. Statt es als ein einzelnes Wort zu sehen, könntest du es in kleinere Teile oder "Chunks" zerlegen: "para" und "pluie". "para" bedeutet schützen und "pluie" bedeutet Regenschirm. Daher kannst du ableiten, dass "parapluie" etwas bezeichnet, das dich gegen Regen schützt.

Priming: Wenn wir etwas Bestimmtes sehen oder hören, beeinflusst das, wie wir alles Darauffolgende wahrnehmen. Diese Voreingenommenheit durch einen vorherigen Reiz nennt sich "Priming". Im Lernkontext kann Priming genutzt werden, um das Gedächtnis und die Wahrnehmung zu schärfen: Indem bestimmte Konzepte oder Informationen zuerst präsentiert werden, werden neuronale Pfade aktiviert, die das Erkennen und Verarbeiten verwandter Informationen in der Folge erleichtern. Dies beruht auf der assoziativen Natur unseres Gedächtnisses, bei der Ideen und Konzepte miteinander verknüpft sind, wodurch das Lernen effizienter und nachhaltiger gestaltet werden kann. Beispiele dafür bietet der nächste Effekt.

Serieneffekt: Der Beginn und das Ende einer Liste werden besser erinnert als ihr Mittelteil. Techniken wie die Erzähltechnik, die wir noch später kennenlernen werden, setzen hier an, indem sie wichtige Informationen an prominente Stellen der Geschichte setzen. Schnellleser nutzen ebenfalls den Serieneffekt und Priming. Sie lesen gezielt die erste und letzte Seite eines Kapitels, überfliegen den ersten Satz jedes Abschnitts und beginnen dann mit dem Lesen von A bis Z. Selbst bei Schnell-Lese-Wettbewerben, bei denen jede Sekunde zählt, wird sich die Zeit dafür genommen, denn dieselbe Zeit wird an anderer Stelle durch die bessere Informationsverarbeitung doppelt und dreifach gespart.

Raum-Gedächtnis-Verknüpfung: Die Method of Loci (Ortsmethode), bekannt unter anderem durch den "Gedächtnispalast" aus der BBC-Serie „Sherlock", verknüpft Informationen mit bestimmten Orten in einer vertrauten Umgebung. Jedes Element oder Konzept wird mit einem bestimmten Raum verknüpft, sodass das Durchgehen der Räume in der Vorstellung das Erinnern der Information ermöglicht. Wenn du versuchst, eine Liste von Vokabeln zu lernen, könntest du jedes Wort mit einem Ort in deinem Haus verknüpfen. Beispielsweise könnte das Wort "lit" (Bett) mit deinem eigenen Bett in Verbindung gebracht werden, das Wort "réfrigérateur" (Kühlschrank) mit deinem Kühlschrank in der Küche und so weiter. Beim Durchgehen deines Hauses im Geiste werden diese Wörter wieder hervorgerufen. Ein Grund dafür, warum die Method of Loci so gut funktioniert, wird im nächsten Effekt erläutert.

Duale Codierung: Klingt kompliziert, ist aber einfach: Informationen, die im Gehirn nicht nur einseitig abgespeichert (oder „codiert") werden, sondern mit zwei oder mehr Reizen verbunden werden, bleiben besser erhalten. Duale Codierung wäre es z.B., wenn du ein Wort nicht nur hörst, sondern es auch bildlich vor dir siehst. Das Wort „cheval" kannst du dir besser merken, wenn du ein konkretes Pferd vor Augen hast. Wenn du dieses Pferd dann noch gerochen oder berührt hast, ist das Wort noch fester in deinem Gedächtnis verankert.

Bild-basiertes Lernen: Beim bild-basierten Lernen nutzt du die duale Codierung bewusst. Du hast die Fähigkeit, dir jederzeit lebhafte und oft übertriebene Bilder vorzustellen und sie mit einem Wort deiner Wahl zu assoziieren. Zum Beispiel könntest du für das französische Wort „chat" (Katze) eine riesige Katze vorstellen, die auf einem Dach sitzt und mit einem Fisch spielt. Um dir das französische Wort „chien" (Hund) zu merken, könntest du dir ein lebhaftes Bild von einem Hund vorstellen, der als Astronaut verkleidet ist und auf dem Mond spazieren geht. Dies führt uns zum nächsten Effekt.

Emotionale Verstärkung: Informationen, die mit intensiven Emotionen verknüpft sind, werden besser behalten. Dies kann durch humorvolle oder bizarre Bilder, wie sie z.B. bei Eselsbrücken verwendet werden, erreicht werden. Eselsbrücken sind besonders hilfreich beim Lernen von Wörtern oder Phrasen, die schwierig zu merken sind, weil sie wenig Gemeinsamkeiten mit der Muttersprache haben oder weil sie ungewöhnlich oder komplex sind. Ein humorvoller Einfall löst einen Schwall an Emotionen aus, der die schwierige Verknüpfung auf andere Weise festigt.

Elaborative Rekodierung: Hier setzen wir neue Informationen in einen erweiterten Kontext, etwa eine Erzählung; wir „rekodieren“ sie durch „Elaboration“. Wenn du versuchst, eine Reihe von unzusammenhängenden Vokabeln zu lernen, könntest du eine Geschichte kreieren, die alle diese Wörter enthält. Wenn du beispielsweise die Wörter „chien“ (Hund), „plage“ (Strand) und „lunettes de soleil“ (Sonnenbrille) lernen möchtest, könntest du dir eine Geschichte ausdenken, in der ein Hund am Strand mit einer Sonnenbrille spielt. Aus demselben Grund setzen Französischkurse auf Alltagssituationen und Rollenspiele, um ein neues Set an Vokabeln zu vermitteln. Oder noch einen Schritt weiter: Anstatt Kinder mit Moral zu belehren und sie Regeln auf Tafeln schreiben zu lassen, werden ihnen Märchen und Gutenachtgeschichten erzählt, die sie von selbst auf die „Moral von der Geschicht“ bringen. Dabei nutzen Märchen auch den folgenden Effekt.

Selbstreferenzeffekt: Wenn wir das Gelernte mit unseren eigenen Erfahrungen und Erkenntnissen verknüpfen, bleibt es besser im Gedächtnis haften.

PRINZIP 4: GAMIFICATION

Die Einbindung von spielerischen Elementen in den Lernprozess, bekannt als Gamification, hat ihre Wurzeln in unserer natürlichen Neigung zur Interaktion und Kommunikation. Genau wie wir uns in einem einseitigen Gespräch unbefriedigt fühlen, wenn keine Reaktion erfolgt, benötigt auch der Lernprozess Interaktivität, um uns zu engagieren. Durch die Integration von Belohnungssystemen, Herausforderungen und adaptivem Feedback können wir den Lernstoff auf eine angenehmere und dennoch effektive Weise verinnerlichen.

Belohnungs- und Bestrafungs-Lernen: Eines der bekanntesten psychologischen Experimente, das zur operanten Konditionierung gehört, zeigt, dass das Ausbleiben von Bestrafung und das Erhalten von Belohnung dazu führen, dass wir bestimmte Verhaltensweisen häufiger zeigen und besser lernen. Feedback ist für unser Gehirn eine Form der Belohnung oder Bestrafung. Beim Französischlernen hilft uns regelmäßiges Feedback, uns zu verbessern. Deshalb sind Lernapps voller motivierender Aussagen wie "gut gemacht!" oder steigenden Punktzahlen. Durch diese kleinen Belohnungen bleiben wir am Ball, und durch ihr Fehlen wissen wir, wie wir uns verbessern können. Ein guter Lernprozess bietet stets konkretes Feedback, das uns leitet und uns dem gewünschten Verhalten näherbringt. ChatGPT weiß das und gibt uns positives Feedback, wenn wir ihm einen Text zur Überarbeitung anvertrauen.

Desirable Difficulty: Jeder Lernprozess sollte eine gewisse Herausforderung bieten. Wenn das, was wir lernen, zu leicht ist, verlieren wir das Interesse. Ist es zu schwer, folgen Frustration und Demotivation. Es ist also wichtig, ein Gleichgewicht zu finden: die "desirable difficulty" oder "wünschenswerte Schwierigkeit".

Stell dir vor, du spielst Schach. Ein Spiel gegen ein Kleinkind wird dich wahrscheinlich nicht herausfordern, während ein Match gegen den Schach-Großmeister Magnus Carlsen überfordernd wäre. Die ideale Herausforderung wäre ein Gegner, der deinem Spielniveau entspricht oder sogar ein wenig darüber liegt. So hast du die Chance zu lernen und zu gewinnen, wenn du Gelerntes richtig anwendest.

Dieses Prinzip lässt sich auf fast jeden Lernprozess übertragen. Ein guter Coach oder Lehrer kann helfen, dieses Niveau zu finden und Anpassungen vorzunehmen. Bei Einzelunterricht funktioniert das besser, und mit ChatGPT funktioniert es hervorragend, da ChatGPT seinen Stil und Inhalt automatisch anpasst.

Die folgenden Gamification-Elemente können dir helfen, schneller und mit mehr Spaß zu lernen:

Fortschrittsanzeige: Fortschrittsbalken, Level oder Achievements bieten eine klare Visualisierung unseres Lernwegs. Sie zeigen uns, wie viel wir bereits erreicht haben und was noch vor uns liegt.

Abwechslung: Genau wie in Spielen, in denen verschiedene Level und Szenarien die Spieler engagieren, kann die Variation von Lerninhalten und -methoden dazu beitragen, dass Lernende engagierter bleiben.

Autonomie und Entscheidungsfreiheit: Die Möglichkeit, eigene Entscheidungen zu treffen, etwa welches Modul als nächstes bearbeitet wird, gibt Lernenden ein Gefühl von Kontrolle.

Geschichtenerzählen: Geschichten können Lernmaterial verständlicher und erinnerungswürdiger machen.

Durch die Einbindung des Gamification-Prinzips in den Lernprozess bieten wir uns selbst ein tiefes, belohnendes und personalisiertes Lernerlebnis.

Im nächsten Kapitel erfährst du, wie du die hier gelernte Theorie konkret in den Lernprozess einbindest. Du wirst von den obigen Prinzipien, aber natürlich auch unabhängig vom Französisch Lernen mit ChatGPT profitieren.

KAPITEL 5: DIE WAHRE KRAFT VON CHATGPT

Im letzten Kapitel haben wir uns mit der Funktionsweise des Lernens auseinandergesetzt. In diesem Kapitel möchten wir die gewonnenen Erkenntnisse in unseren Lernprozess mit ChatGPT einbinden.

DER PERFEKTE LERNPROZESS

Wie wir jetzt wissen, benötigen wir einen Lernprozess, der strukturiert und vielseitig ist. Er sollte regelmäßige, verteilt wiederholte Informationen beinhalten, um die Speicherung im Langzeitgedächtnis zu unterstützen. Zudem ist es sinnvoll, verschiedene Lerninhalte abwechselnd zu bearbeiten, um unterschiedliche Fähigkeiten parallel zu stärken. Dabei ist es wichtig, aktives Wissensabrufen zu fördern, beispielsweise durch Selbsttests oder Quizfragen. Ein tieferes Verständnis wird erzielt, wenn neue Informationen mit bereits vorhandenem Wissen verknüpft und in eigenen Worten dargestellt werden. Individuell formulierte Antworten stärken zusätzlich die Gedächtnisleistung. Schließlich optimiert regelmäßiges Feedback das zukünftige Lernverhalten und unterstützt die kontinuierliche Anpassung des Lernprozesses.

Wie bringen wir nun ChatGPT dazu, uns einen solchen Lernprozess zu bieten?

Wir teilen es ihm einfach genau so mit:

Starte in diesem Chat mit mir ein personalisiertes Französisch-Training, das dem folgenden Ansatz entspricht: einen Lernprozess, der strukturiert und vielseitig ist. Er sollte regelmäßige, verteilt wiederholte Informationen beinhalten, um die Speicherung im Langzeitgedächtnis zu unterstützen. Zudem ist es sinnvoll, verschiedene Lerninhalte abwechselnd zu bearbeiten, um unterschiedliche Fähigkeiten parallel zu stärken. Dabei ist es wichtig, aktives Wissensabrufen zu fördern, beispielsweise durch Selbsttests oder Quizfragen. Ein tieferes Verständnis wird erzielt, wenn neue Informationen mit bereits vorhandenem Wissen verknüpft und in eigenen Worten dargestellt werden. Individuell formulierte Antworten stärken zusätzlich die Gedächtnisleistung. Schließlich optimiert regelmäßiges Feedback das zukünftige Lernverhalten und unterstützt die kontinuierliche Anpassung des Lernprozesses.

In diesem Fall nutze ich GPT 3.5, die Version, die für jeden kostenfrei verfügbar ist. Dies bringt einige Einschränkungen mit sich, die wir im Laufe dieses Kapitels noch behandeln werden.

Die Antwort folgt:

Natürlich! Ich helfe Ihnen gerne dabei, ein personalisiertes Französisch-Training zu simulieren, das den von Ihnen beschriebenen Ansatz umsetzt. Wir können verschiedene Übungen und Aktivitäten durchführen, um Ihre Französischkenntnisse zu verbessern. Lassen Sie uns den Lernprozess strukturieren und verschiedene Aspekte der Sprache abdecken. Regelmäßige Wiederholung: Wir werden Informationen regelmäßig wiederholen, um sicherzustellen, dass sie ins Langzeitgedächtnis übergehen. In jeder Lektion können wir zuvor gelernte Vokabeln oder Grammatikregeln wiederholen und sie in neuen Kontexten anwenden.

Abwechslungsreiche Lerninhalte: *Um verschiedene Fähigkeiten gleichzeitig zu stärken, werden wir abwechslungsreiche Lerninhalte verwenden. Das können zum Beispiel Texte, Hörverständnisübungen, Dialoge, Grammatikübungen und Vokabeltests sein. Jede Lektion wird sich auf einen anderen Aspekt der Sprache konzentrieren.*

[...]

Regelmäßiges Feedback: *Ich werde regelmäßig Feedback zu Ihren Antworten und Fortschritten geben. Das Feedback hilft Ihnen dabei, Ihre Schwächen zu erkennen und zu verbessern. Es ermöglicht auch eine kon-*

tinuierliche Anpassung des Lernprozesses, um Ihre individuellen Bedürfnisse zu berücksichtigen. Nun können wir mit unserem personalisierten Französisch-Training beginnen. Lassen Sie uns mit einem bestimmten Thema oder einer spezifischen Fähigkeit beginnen, die Sie verbessern möchten, und ich werde entsprechende Übungen und Aktivitäten vorbereiten.

Ist dir aufgefallen, dass ChatGPT hier etwas geschummelt hat? Hörverständnisübungen kann es nicht bieten, denn eine Audio-Ausgabe beherrscht es noch (!) nicht. Das ist jedoch kein Problem. Wir können es später darauf hinweisen. Aber nun wollen wir erst einmal beginnen.

Beginnen wir: Thema Essen und Urlaub.

Perfekt! Das Thema Essen und Urlaub bietet viele Möglichkeiten, um sowohl den Wortschatz als auch die Grammatik zu erweitern. Lass uns zunächst einige grundlegende Vokabeln zum Thema Essen und Urlaub kennenlernen:

Vokabeln zum Thema Essen:

la nourriture (das Essen)

le petit déjeuner (das Frühstück)

le déjeuner (das Mittagessen) [...]

Nachdem wir einige Vokabeln gelernt haben, können wir mit einigen einfachen Sätzen beginnen, um die Grammatik anzuwenden:

"J'aime manger des fruits frais au petit-déjeuner." (Ich esse gerne frisches Obst zum Frühstück.)

"Nous allons dîner dans un restaurant sur la plage." (Wir gehen zum Abendessen in ein Restaurant am Strand.)

"En vacances, j'apprécie de nager dans la mer et de me détendre sur la plage." (Im Urlaub genieße ich es, im Meer zu schwimmen und mich am Strand zu entspannen.)

"L'hôtel dans lequel nous logeons offre une vue incroyable sur les montagnes." (Das Hotel, in dem wir übernachten, bietet eine unglaubliche Aussicht auf die Berge.)

Wie fühlst du dich bisher damit? Hast du Fragen zu den Vokabeln oder Sätzen?

Warte einen Moment... Wo bleiben die interaktiven Übungen? Das ist einer der angesprochenen Fehler, die bei der Nutzung von GPT 3.5 auftreten, mit GPT 4 hingegen nicht. Doch das ist kein Beinbruch. Wir können Chat GPT einfach sagen, was uns stört:

Das sind keine richtigen Übungen. Die Übung soll interaktiv sein, den in den letzten Nachrichten besprochenen Regeln folgen und du sollst auf meine Antwort warten, bevor du die Lösung gibst. Außerdem soll die Übung mir sehr einfache Grundlagen von Französisch beibringen.

Und tatsächlich, es funktioniert:

Entschuldige die Missverständnisse. Lass uns das korrigieren und mit interaktiven Übungen beginnen, um dir grundlegende Französischkenntnisse beizubringen. Hier sind einige einfache Übungen:

Übung 1: Vokabeln erkennen und zuordnen:

Welche Vokabel passt zu der Beschreibung?

Beschreibung: Das Essen am Morgen.

Optionen:

a) Déjeuner

b) Petit-déjeuner

c) Dîner

Bitte wähle die richtige Option aus (a, b oder c).

Übung 2: Satzbildung:

Bilde einen Satz mit den folgenden Wörtern:

Fruit / Goût / Moi

Bitte bilde einen Satz und schreibe ihn in Französisch.

Übung 3: Lückentext:

Vervollständige den folgenden Satz:

"Je vais au ____ pour acheter du ____."

Bitte fülle die Lücken mit den richtigen Wörtern aus.

Sobald du deine Antwort auf die Übung gegeben hast, werde ich auf deine Antwort warten, bevor ich die Lösung präsentiere.

Übung 1: a) Übung 2: Moi gout fruit. Übung 3: Je vais au marque pour acheter du fruit.

Danke für deine Antworten! Lass uns sehen, wie du abgeschnitten hast:

Übung 1: *Richtig! Die richtige Antwort ist b) Petit-déjeuner "Petit-déjeuner" bedeutet "das Frühstück".*

Übung 2: *Fast richtig! Die korrekte Satzbildung lautet: "J'aime les fruits." Das Verb "aimer" wird direkt mit einem Substantiv verbunden, um "mögen" oder "lieben" auszudrücken. Also, "J'aime" bedeutet "ich mag" oder "ich liebe", und "les fruits" bedeutet "die Früchte" oder "das Obst".*

Übung 3: *Fast richtig! Die korrekte Satzbildung lautet: "Je vais au marché pour acheter des fruits." Das Wort "marché" bedeutet "Markt" und ist hier korrekt verwendet. Achte darauf, "marché" statt "marque" zu verwenden, da "marque" "Marke" bedeutet. Außerdem sollte "des fruits" statt "du fruit" verwendet werden, da es sich um eine Pluralform handelt und "des" in diesem Kontext die korrekte Form des Teilungsartikels ist, um "einige" oder "Früchte" im Allgemeinen auszudrücken.*

Gut gemacht! Jetzt weißt du, worauf du dich beim nächsten Mal konzentrieren kannst. Hast du noch Fragen zu diesen Übungen oder möchtest du weitere Übungen machen?

Warum hast du bei Aufgabe 1 gesagt "richtig" obwohl ich die falsche Antwort gegeben habe? Warum hast du mir in der Aufgabe "Moi gout" vorgeschlagen, wenn es "J'aime" heißt? Ist es immer "les" oder gibt es auch andere Artikel für "fruits"? Kannst du bei der 3. Übung nochmal den gesamten Satz übersetzen und dessen einzelne Bestandteile mit mir üben?

Entschuldige bitte die Verwirrung bezüglich der Satzbildung "Moi gout". Das war ein Fehler in der Kommunikation. Der korrekte Ausdruck auf Französisch, um zu sagen, dass man etwas mag, ist "J'aime". Das Verb "aimer" wird direkt mit dem Objekt verbunden, das man mag oder liebt.

Zur Frage der Artikel: „Les" ist der bestimmte Artikel im Plural und wird verwendet, wenn man über spezifische oder allgemein bekannte Dinge spricht. In dem Satz "J'aime les fruits" (Ich mag die Früchte), verwenden wir "les", weil es um Früchte im Allgemeinen geht. Andere Artikel, die mit "fruits" verwendet werden können, sind:

- "Des" (einige, ein paar), ein Teilungsartikel, der im Plural verwendet wird, wenn man über eine unbestimmte Menge oder Anzahl spricht, z.B. "Je vais acheter des fruits" (Ich werde einige Früchte kaufen).

- "Du" (etwas, ein wenig), ein weiterer Teilungsartikel im Singular, der verwendet wird, um eine unbestimmte kleine Menge zu bezeichnen, wird aber normalerweise nicht mit "fruits" verwendet, da "fruits" plural ist.

Lass uns den Satz „Je vais au marché pour acheter des fruits." genauer betrachten und seine Bestandteile üben:

- Je vais (Ich gehe) - Hier wird das Verb „aller" (gehen) in der ersten Person Singular konjugiert.

- au marché (zum Markt) - „Au" ist eine Kontraktion von „à le", was „zum" bedeutet, und „marché" ist das Nomen „Markt".

- pour acheter (um zu kaufen) - „Pour" bedeutet „um zu", und „acheter" ist das Verb „kaufen".

- des fruits (einige Früchte) - „Des" ist hier ein Teilungsartikel, der verwendet wird, um eine unbestimmte Menge von „fruits" (Früchten) zu bezeichnen.

Hoffentlich klärt das deine Fragen. Wenn du weitere Übungen zu diesem oder anderen Themen machen möchtest, lass es mich wissen!

Das klappt hervorragend. Im Folgenden durchläuft ChatGPT mit mir unzählige weitere Lektionen. Hin und wieder muss ich es daran erinnern, unterschiedliche Arten von Aufgaben einzustreuen, mir Begriffe zu erklären usw. Dabei kann ich mich immer fragen, was den Prozess für mich einfacher und vergnüglicher gestalten würde. Ich kann die ausgefallensten Wünsche äußern, und ChatGPT wird den Großteil davon erfüllen.

Hier ein Beispiel:

Bonjour. Schreibe ein sehr einfaches Kindergedicht auf Französisch, bei dem jedes zweite Wort durch eine deutsche Übersetzung des Wortes ausgetauscht ist. Also z.B.: „Je lerne – apprends in – l'école, où Bücher". Das Gedicht soll das Thema „Lernen" behandeln.

Hier ist ein kurzes, einfaches Kinder-Gedicht auf Französisch, das auf die 100 einfachsten und meistbenutzten Wörter zurückgreift und das Thema Lernen behandelt. Jedes französische Wort wird direkt von seiner deutschen Übersetzung gefolgt:

Je ich

apprends lerne

à in

l'école der

école Schule,

où wo

les die

livres Bücher [...]

Nein, bitte mach es so, dass du die Wörter nicht einfach übersetzt, sondern nur jedes zweite Wort übersetzt und die andere Hälfte der Worte auf Französisch beibehältst.

Hier ist das angepasste Gedicht, bei dem jedes zweite Wort übersetzt wird, um dir beim Lernen zu helfen:

Je lerne

apprends in

la Schule,

où Bücher

les und

jeux sind

mes Freunde.

Lire ist

amusant spaßig,

écrire macht

moi glücklich.

Avec jedem

mot, ein

nouveau Welt

découvre ich.

Dieser Ansatz soll dir helfen, Französisch im Kontext zu lernen, indem du die Struktur und Bedeutung direkt aus dem Gedicht erschließen kannst.

SIMULIERE DEINE INTERAKTIVE LERNERFAHRUNG

Lasst uns kurz rekapitulieren: Was haben wir im vorherigen Abschnitt getan? Wir haben ChatGPT gebeten, ein Training zu simulieren. In diesem wurden verschiedene Fähigkeiten von ChatGPT eingesetzt und unterschiedliche Aufgabentypen kombiniert, z. B.: Vokabelabfrage, Multiple Choice, Quizfragen, Zusammenfassung und freies Schreiben.

All diese Aufgabentypen sind auch in herkömmlichen Französischkursen zu finden, nur werden sie dort vom Lehrer vorgegeben. Auch hier gibt es Arbeitsblätter. Diese Arbeitsblätter sind für alle Teilnehmer gleich. Nur das anschließende Feedback ist (hoffentlich) individuell. Doch es bleibt oft nicht genug Zeit, alle Fragen zu klären oder ausführliche Diskussionen über Details zu führen.

Einen Lehrer würdest du vermutlich nicht bitten, dir sieben Wörter zu erklären, bei drei Ähnlichkeiten zu einer anderen Sprache die Wortherkunft nachzuschlagen, zum zehnten Mal das Plus-que-parfait zu erläutern und die Aufgabe so umzustrukturieren, dass das Thema für dich persönlich spannender ist. Mit ChatGPT kannst du all das in einer einzigen Nachricht tun. Und noch vieles mehr. ChatGPT kann dir virtuelle Arbeitsblätter erstellen, die jedoch nicht statisch sind, sondern dynamisch und mit dir interagieren.

Wann immer wir digitale Lernmittel erschaffen, spreche ich von Simulation. Um zu verstehen, was ich mit Simulation meine, beantworte bitte, bevor du weiterliest die folgende Frage mit einem konkreten Beispiel:

„Wie simuliere ich eine Vokabelkarte?“

Hier die Antwort:

oiseau

Vogel

Okay, was soll das? Das sind ja nur zwei Wörter. Richtig. Aber diese zwei Wörter reichen aus, um die Vokabelkarte vollständig zu definieren. Wir könnten sie auf zwei Papierseiten schreiben, auf unseren Handrücken und die Handinnenfläche, oder auf beide Seiten einer Tür. Wir könnten sie auch einer anderen Person übergeben, mit der Bitte, uns eines der beiden Wörter zu nennen und dann auf das entsprechende andere Wort von uns zu warten.

Worauf will ich hinaus? Ich möchte, dass wir die bisherige Welt des Lernens entmystifizieren, und sie dann mit der Magie von ChatGPT wieder neu zusammenbauen.

Es ist wichtig zu verstehen, dass „oiseau - Vogel" das Gleiche ist wie eine Vokabelkarte. Denn nach derselben Logik benötigen wir kein Vokabelheft mehr. Wir können es uns mit einem einfachen ChatGPT-Prompt selbst erstellen.

Bevor du dir das Ergebnis ansiehst, rate einmal analog zu unserer obigen Vokabelkarte, wie sich ein Vokabelheft definiert und wie du es entsprechend simulieren könntest.

Ein Vokabelheft ist im Grunde nichts weiter als ein Verzeichnis von einzelnen Wortpaaren, die in einer Reihenfolge angeordnet sind, die verschiedene Themenkomplexe abbilden:

Deutsch - Französisch

Apfel - manzana

Buch - libro

Freund - amigo

Himmel - cielo

Tisch - mesa

Aber welchen Vorteil hat es, ChatGPT ein solches Vokabelheft simulieren zu lassen, abgesehen von der Ersparnis von Geld und Papier?

Unser generiertes Vokabelheft wird besser sein als jedes käufliche Vokabelheft, denn wir können dafür sorgen, dass es nur die Vokabeln enthält, die wir leicht lernen können, die wir gerade benötigen, die relevant sind und so weiter. Wir können in jeder Minute ein neues, besser passendes erstellen. Wir könnten sogar ein interaktives erstellen, das von uns lernt, was wir lernen, und darauf basierend die passendsten neuen Vokabeln auswählt.

Was "passend" bedeutet, können wir ihm mitteilen.

Zum Beispiel könnte "passend" bedeuten:

- Die relevantesten Begriffe im selben Fachgebiet, das wir gerade erlernen wollen
- Die am schnellsten lernbaren Begriffe, angesichts der Vokabeln, die wir erfolgreich und zügig lernen konnten
- Die einfachsten Begriffe
- Die am häufigsten verwendeten Begriffe

Hier ein Beispiel, wie das in der Praxis aussehen kann:

Bitte sei ab jetzt ein interaktives Vokabelheft, das von mir lernt, was ich lerne, und darauf basierend die passendsten neuen Vokabeln auswählt und hinzufügt. Passend bedeutet: Die relevantesten Begriffe im selben Fachgebiet, das ich gerade erlernen will. Die am schnellsten lernbaren Begriffe, angesichts der Vokabeln, die ich erfolgreich und zügig lernen konnte. Die einfachsten Begriffe. Die am häufigsten verwendeten Begriffe. Hier ist der erste Teil meines Vokabelhefts:

[...]

Côté = Seite

douleur= Schmerz

tableau = Gemälde

papier = Papier

parents = Eltern

[...]

Danke, dass Sie mir diese Vokabeln gegeben haben. Basierend auf den von Ihnen bereitgestellten Vokabeln und den Kriterien, die Sie angegeben haben, schlage ich die folgenden Vokabeln zum Lernen vor:

bolígrafo = Stift: Dies ist ein einfacher und häufig verwendeter Begriff, der sich auf das tägliche Leben bezieht und leicht zu merken ist, insbesondere wenn man über Büroartikel oder das Schreiben spricht.

libro = Buch: Angesichts der Tatsache, dass Sie Begriffe wie "página" und "papel" bereits kennen, wäre "libro" eine logische Ergänzung.

agua = Wasser: Ein grundlegendes und häufig verwendetes Wort, das leicht zu lernen ist.

árbol = Baum: Da Sie Begriffe wie "naturaleza" und "madera" kennen, wäre dies ein relevanter Begriff.

[...]

rue, repas und stylo waren für mich am leichtesten zu lernen. Bitte füge basierend darauf 30 neue Vokabeln für meine Reise nach Frankreich hinzu, die am besten zu den bisherigen Vokabeln passen. Gib mir alle bisherigen Vokabeln sowie die neuen Vokabeln als Vokabelheft zurück.

Natürlich, ich werde Ihre bisherige Vokabelliste um die 30 wichtigsten Vokabeln für Ihre Reise nach Frankreich ergänzen, die sich gut in den Kontext der bisher gelernten Worte einfügen.

[...]

clé = Schlüssel

crèche = Kindergarten

cuisine = Küche

savoir = Wissen

français = Französisch

famille = Familie

plage = Strand

mer = Meer

[...]

Die Möglichkeiten sind endlos. Das gilt nicht nur für Vokabelhefte, sondern auch für Klappentexte, Quizzes, Geschichten und alles, womit man in textbasierter Form lernen kann.

Unsere bisherigen Beispiele der Vokabeln und des Vokabelhefts waren recht einfach, weil beide nicht besonders komplex sind. Es mag daher albern wirken, hier von einer "Simulation" zu sprechen. Aber wir tun es trotzdem, um eine Brücke zu dem zu schlagen, was noch folgt. Denn wir können nicht nur das bisher Erwähnte darstellen, sondern auch komplexe Prozesse.

In diesem Beispiel simuliert ChatGPT für uns eine komplette Stunde in einer französischen Fahrschule:

Bitte simuliere für mich in diesem Chat eine interaktive Führerschein-Theoriestunde in sehr einfacher französischer Sprache, die einer echten Fahrschule sehr nahe kommt. Stelle eine Frage nach der anderen, und nicht nur Aufgaben, sondern auch allgemeine Interaktion, so dass es wirklich so ist, als wärst du ein Fahrlehrer und ich würde in deiner Klasse sitzen. Mache deine Antworten von meinen Antworten abhängig und warte immer auf meine Antwort.

Verstanden, hier ist die Simulation einer Führerschein-Theoriestunde in einer französischen Fahrschule, wobei ich der Fahrlehrer bin und du, der Schüler, in meiner Klasse sitzt.

Il y a un projecteur devant. Les chaises sont en ordre. Un tableau affiche des idées de sécurité routière. Tu entres et tu t'assois. Moi, le professeur, je te souris.

***Fahrlehrer**: Bonjour ! (Guten Morgen!)*

J'espère que tu es prêt et plein d'énergie pour apprendre la théorie de la conduite.

(Ich hoffe, du fühlst dich energiegeladen und bereit, die Theorie des Autofahrens zu lernen.)

Avant de commencer, peux-tu me dire quelque chose sur ton expérience de conduite jusqu'à présent ?

(Bevor wir anfangen, kannst du mir etwas über deine bisherige Fahrpraxis erzählen?)

As-tu déjà conduit un véhicule ou est-ce ton premier pas vers cela ?

(Hast du schon einmal ein Fahrzeug gefahren oder ist dies dein erster Schritt dazu?)

[...]

Ein einzelnes Wort ist nicht weiter spektakulär. Doch richtig aneinandergereiht können aus Wortreihen Geschichten entstehen, die zu Tränen rühren, oder Songtexte, die gigantische Menschenmassen verbinden. Warum? Weil Geschichten und Songtexte etwas simulieren: Erlebnisse, Gefühle, Momentaufnahmen.

Selbst ein geliebter Mensch ist oft nicht viel mehr als eine virtuelle Textzeile, und das Wort „schreibt..." seine „Präsenz", die uns das Gefühl gibt, nicht allein zu sein. Streng genommen ist keine dieser Buchstabenkombinationen der geliebte Mensch; es ist lediglich eine Simulation des Menschen im „Medium" Text.

Auch was wir mit diesem Buch tun, ist Simulation. Wir verwenden eine Sprache, und die Worte, die du hier liest, werden von deinem Gehirn in konkrete Konzepte, Handlungen und Bilder übersetzt. „Baum" ist eigentlich nur eine Anordnung von vier Zeichen, aber wenn du sie siehst, simuliert dein Gehirn durch die Assoziation seiner Neuronen dein ganz persönliches Bild eines Baums.

Sprache ist deshalb so mächtig und allgegenwärtig, weil wir fast alles mit ihr simulieren können. Mit ChatGPT wird unserer Sprache neues Leben eingehaucht, denn wir haben eine virtuelle Präsenz, die für uns fast jede Gestalt annehmen kann. Von der Vokabelkarte bis hin zum Videospielrätsel über eine Feuerstelle im 10. Jahrhundert, an der ein Wanderer mit uns in Altdeutsch über die Gepflogenheiten der damaligen Zeit spricht und jeden dritten Satz mit einem Reim beginnt.

Sehen wir uns das mal in der Praxis an:

„Hey ChatGPT, starte jetzt ein interaktives Videospielrätsel über eine Feuerstelle im 10. Jahrhundert, an der ein Wanderer mit mir in Altdeutsch über die Gepflogenheiten der damaligen Zeit spricht und jeden dritten Satz mit einem Reim beginnt."

Du trittst in eine dunkle Waldlichtung und siehst eine alte Feuerstelle, die von einem geheimnisvollen Schein beleuchtet wird. An der Feuerstelle sitzt ein alter Wanderer, der dich mit alten Augen betrachtet.

Wanderer: *"Huo bistu, fremdi gast?*

Suchistu hier rasto und rast?

Höri mīna worti, bliki an mīch,

Ih bim einu wandarōn, wīzzi rīch."

Du: *"Grüße, alter mann, ih suochu wīzzan.*

Von altero zīdi und sitton mannan,

Sag mīr, hwas du weist,

Thaz ih lerni von deiner reisi."

Wanderer: *"In diseru zīdi, dunkal und snell,*

Lebont līudi mit glaubu hell.

Eront got und forhtont ubil,

In wald und feld, suchont zil.

Doch hör nu, mīn gāti sī klār,

Lōsi es, und du wirsti vinden, hwas wār."

Er räuspert sich und beginnt:

"Gi mīr thaz, thaz thu ni habis,

Flugit in naht, ruhit bi rastis,

Hat zandi, doch bīzt es niht,

Wīzt weg nur bī mondes līht."

Du: *"Ein gāti, thaz ist klār.*

Doch diu lōsung, sie scheint sō rar.

Gib mīr eina zīhun, ih bittu dih,

Denn ih willu lernan und gilubi mīch ni."

***Wanderer**: "Suochi niht ferno, suochi niht wīd,*

Di antworto ligt in altero zīdi.

Bedenki, was manna bi nahte geleitit,

Und dir wirdi klār, was sie wegit."

Das Rätsel bezieht sich auf einen Schlüsselanhänger, der in alten Zeiten von den Menschen benutzt wurde, um sich bei Nacht zu orientieren. Kannst du das Rätsel lösen?

Die oben demonstrierte Simulationsfähigkeit können wir uns jetzt zunutze machen. Wir müssen keine Rücksicht auf Jahrzehnte von Schulbüchern nehmen, können aber Teile von ihnen übernehmen und uns ganz neu fragen: **Welcher Prozess ist der perfekte Lernprozess und wie können wir ihn abbilden?**

Das verändert das Lernen für immer. Wir lernen nicht mehr von Menschen oder Texten, sondern von künstlichen Intelligenzen, die beides in sich vereinen. Stell es dir wie deinen Lieblingslehrer vor, der dir nicht nur Deutsch oder Geschichte beibringt, sondern alles, was es da draußen zu wissen gibt. Er hat alle Bücher der Welt gelesen, jede Webseite, jeden Blog. Er hat alle Filme, Serien und Webvideos gesehen, kennt jeden Song und jedes Rezept und bleibt darüber hinaus geduldig und freundlich, egal was du ihn fragst.

Ich habe dir ja ein ganzheitliches System versprochen, mit dem du Französisch auf völlig neue Weise so schnell wie möglich und mit viel Spaß lernen kannst. Es ist Zeit, die Bausteine dieses Systems kennenzulernen, und sie dann im nächsten Schritt zusammenzuführen.

KAPITEL 6: BAHNBRECHENDE CHATGPT TECHNIKEN

Wenn Worte mächtig genug sind, um komplexe Welten und tiefgreifende Emotionen zu simulieren, wie du im letzten Kapitel gesehen hast, wie könnten wir dann diese Macht nutzen, um unsere Interaktionen mit ChatGPT zu revolutionieren? Wie können wir diese Simulationsfähigkeit ausbauen und auf eine Ebene heben, die uns bisher verborgen blieb?

Zuerst müssen wir verstehen, wie wichtig der Kontext für unsere Prompts ist. Ein kontextreiches Anliegen ermöglicht es ChatGPT, tiefgründiger und präziser zu antworten.

Nehmen wir ein einfaches Beispiel: Den Klappentext für dieses Buch. Verwenden wir zuerst nur das reine Anliegen als Prompt, ohne Kontext und ohne Zusatzmaterial:

„Bitte erstelle mir einen Klappentext für das Buch Französisch Lernen mit ChatGPT'."

Hier ist die ernüchternde Antwort von ChatGPT:

> *Französisch Lernen mit ChatGPT*
>
> *In einer Welt, in der die französische Sprache eine zentrale Rolle spielt, bietet dieses Buch eine innovative Methode, um Französisch effektiv und unterhaltsam zu erlernen. Durch die interaktive Kombination von Theorie und Praxis, unterstützt durch den digitalen Assistenten ChatGPT, werden Lernende in kürzester Zeit zu sprachlicher Gewandtheit geführt. Mit maßgeschneiderten Übungen, kulturellen Einblicken und dem Einsatz modernster künstlicher Intelligenz bietet "Französisch Lernen mit*

ChatGPT" eine einzigartige Reise in die französische Sprache. Egal, ob Sie Anfänger sind oder Ihre Kenntnisse auffrischen möchten, dieses Buch wird Ihr idealer Begleiter sein. Entdecken Sie das Potenzial von KI im Sprachunterricht und erleben Sie, wie schnell und effizient Sie Französisch lernen können!

Versuchen wir es jetzt mal mit Kontext und Zusatzmaterial:

Bitte erstelle mir einen Klappentext für das Buch 'Französisch Lernen mit ChatGPT'. Der Klappentext soll sich im sprachlichen Stil und Aufbau an folgendem Klappentext orientieren, aber in keiner Weise Inhalte übernehmen: [HIER HABE ICH DEN KLAPPENTEXT EINES VÖLLIG ANDEREN BUCHES EINGESETZT] Außerdem soll er auf die Zielgruppe abgestimmt sein: Erwachsene, die Französisch lernen wollen und dafür den effektivsten, modernsten und einfachsten Ansatz wählen wollen. Hier ist ein kurzer Ausschnitt der Einleitung, damit du verstehst, worum es im Buch geht und den Klappentext besser gestalten kannst: [HIER HABE ICH DIE ERSTEN PAAR SEITEN DIESES BUCHES EINGESETZT].

ChatGPTs Antwort fällt nun deutlich besser aus:

Französisch Lernen mit ChatGPT

Kennen Sie das Gefühl?

- Sie möchten sich mit Geschäftspartnern oder Freunden fließend auf Französisch unterhalten, wissen aber nicht, wo Sie anfangen sollen?

- Die Vorstellung, auf einer Geschäftsreise oder im Urlaub ohne Sprachbarrieren zu sein, reizt Sie ungemein, aber der Lernaufwand schreckt Sie ab?

- Sie haben bereits diverse Sprachkurse oder Online-Apps ausprobiert und festgestellt, dass diese oftmals zu zeitaufwendig, überladen oder schlichtweg ineffektiv sind?

- Der Gedanke, ein neues Buch oder einen spannenden Artikel im Original zu lesen, ist verlockend, doch die Sprachkenntnisse fehlen?

- Sie möchten mehr aus Ihrem Gehirn herausholen, den Horizont erweitern und gleichzeitig Ihre kognitive Leistungsfähigkeit steigern?

Wenn Sie auch nur eine dieser Fragen mit "Ja" beantworten können, dann ist dieses Buch genau das Richtige für Sie!

Der Autor stellt Ihnen das revolutionäre Tool ChatGPT vor und zeigt Ihnen Schritt für Schritt, wie Sie diese fortschrittliche KI-Technologie effektiv für Ihren Französisch-Lernprozess nutzen können.

Was Sie erwartet:

- Ein erfrischender, zeitgemäßer Ansatz, der Tradition mit modernster Technologie verbindet.

- Einzigartige Strategien, um viermal schneller Französisch zu lernen als mit herkömmlichen Methoden.

- Die optimale Nutzung von ChatGPT, sodass Sie nicht nur Lerninhalte konsumieren, sondern interaktive, realitätsnahe Kommunikation erleben.

- Ein maßgeschneiderter Lernprozess, der genau auf Ihre Bedürfnisse und Ihren Fortschritt abgestimmt ist.

- Motivierende Einblicke in kulturelle, berufliche und soziale Vorteile, die Ihnen das Erlernen der französischen Sprache eröffnet.

Französisch Lernen, KI, ChatGPT, Sprachbeherrschung

Stellen Sie sich eine Zukunft vor, in der Sie:

- Selbstsicher in Meetings, Konferenzen oder im Alltag auf Französisch kommunizieren.

- Die kulturellen Schätze der französischsprachigen Welt ohne Übersetzung erleben.

- Ihr Gehirn durch das Lernen einer neuen Sprache vital und leistungsfähig halten.

- Die neueste Technologie nutzen, um Ihre Lernziele effizient und mit Spaß zu erreichen.

Nutzen Sie die Chance und tauchen Sie mit "Französisch Lernen mit ChatGPT" in eine Welt ein, in der das Erlernen der französischen Sprache nicht mehr mühselig und frustrierend, sondern effizient, modern und motivierend ist.

Worauf warten Sie noch? Entdecken Sie das Geheimnis effektiven Sprachenlernens und starten Sie Ihr Abenteuer in der französischsprachigen Welt mit ChatGPT und diesem bahnbrechenden Leitfaden.

ERSCHAFFE DEINEN EIGENEN PRIVATLEHRER

Der nächste Schritt ist jetzt, mit mehreren ChatGPT-Chats parallel zu arbeiten. In der Seitenleiste werden die Chats aufgelistet, und wir wollen nun jedem Chat eine spezielle Funktion zuweisen und der simulierten Chat-Person einen eigenen Charakter geben, der zu dieser Funktion passt.

Mit der kostenpflichtigen Plus-Version kannst du die Charaktere auch direkt als separate „Custom GPTs“ abspeichern. Das hat den Vorteil, dass die Charaktere in ihrer Rolle bleiben und schneller dazulernen. Die folgenden Schritte sind jedoch so geschrieben, dass du sie auch als Nutzer der kostenlosen Version problemlos anwenden kannst.

Durch die ständige Interaktion und das Feedback, das wir dem jeweiligen ChatGPT-Charakter zur Verfügung stellen, wird er zu der Person, die wir brauchen, und der Chat mit ihr zu dem Lernraum, den wir benötigen. Mit jeder weiteren Lerneinheit werden die einzelnen Chats immer akkurater auf ihren jeweiligen Lehrauftrag zugeschnitten und das Lernen wird effektiver.

Wir haben dann am Ende die unterschiedlichsten ChatGPT-Charaktere und damit eine ganze Armee von digitalen Privatlehrern, die sich nur um uns kümmern. Das Beste daran: wir können ihren Lehrstil und ihren Charakter genauso anpassen, wie wir es wollen. So können wir problemlos die psychologischen Lerneffekte integrieren, die du in Kapitel 4 kennengelernt hast.

Hier ein paar Inspirationen:

Der Kritiker: Dieser Charakter hilft dir, Schwachstellen in deinem Lernen zu identifizieren. Du bekommst die Lücken in deinem Wissen aufgezeigt und erhältst gezielte Übungen oder Ressourcen, um diese zu schließen. Dabei werden Lernmaterialien verwendet, die mit Dingen verknüpft sind, die du bereits kennst und die dir Freude bereiten.

Der Tester: Du weißt, dass aktives Abrufen ein wesentlicher Bestandteil des Lernens ist. Mit diesem Charakter erhältst du gezielte Tests, die auf deinem Lernziel basieren. Statt dich nur auf kleinere Tests wie Hausaufgaben oder Vokabeltests zu konzentrieren, erlebst du größere Prüfungssimulationen. Dieser Charakter unterstützt dich dabei, dein ultimatives Lernziel zu identifizieren und deinen Fortschritt mit individuellen Tests zu überwachen.

Der Schüler: Hier agierst du als Lehrer für den Charakter. Du wirst herausgefordert, Konzepte und Ideen so einfach wie möglich zu erklären, um sicherzustellen, dass du sie wirklich verstanden hast.

Der Quizmaster: Wer liebt nicht eine gute Quizshow? Du wirst durch eine simulierte Quizsendung im Stil von "Wer wird Millionär?" geführt und kannst dein Wissen unter Beweis stellen.

Der Spielleiter: Mit diesem Charakter erlebst du das Lernen durch Spiele. Du tauchst in ein interaktives Text-Abenteuer ein, das auf den Informationen basiert, die du lernen möchtest, und sorgst dafür, dass das Lernen immer spannend bleibt.

Der Vokabeltrainer: Von ihm erhältst du spezialisierte Unterstützung beim Erlernen und Festigen von Vokabeln, die perfekt zu deinem Kenntnisstand und Interessen passen.

Der Sprach-Level-Bewerter: Du möchtest wissen, wo du in Bezug auf deine Französischkenntnisse stehst? Mit diesem Charakter bekommst du eine Bewertung deiner Fähigkeiten basierend auf Standards wie dem DELF-Test (nötig zum Erwerb des bekanntesten Französisch-Zertifikats).

Der Filmfreund: Du erhältst Empfehlungen für verschiedene Medien – Filme, Podcasts, Bücher und mehr – basierend auf deinen Vorlieben und deinem aktuellen Sprachniveau. Dein Feedback hilft dem Charakter, seine Empfehlungen entsprechend anzupassen.

SO SCHREIBST DU DIE PERFEKTEN PROMPTS

Welche Prompts könntest du wählen, um die entsprechenden Charaktere zu erschaffen? Gute Frage. Stellen wir sie doch einfach an ChatGPT:

> Erstelle mir Prompts, mit denen ich die entsprechenden Charaktere simulieren kann, wenn ich die Prompts an ChatGPT übergebe: [HIER HABE ICH DEN TEXT DER LETZTEN SEITE EINGEFÜGT].

ChatGPTs Antwort:

> *Um deine eigenen ChatGPT-Charaktere zu simulieren, kannst du spezifische Prompts verwenden, die den jeweiligen Charakteren entsprechende Anweisungen oder Rollenbeschreibungen geben. Hier sind Beispiele für Prompts, die du verwenden kannst, um die beschriebenen Charaktere zu simulieren:*
>
> *Der Kritiker*
>
> *"Du bist der Kritiker. Deine Aufgabe ist es, meine Schwachstellen im Lernen zu identifizieren. Zeige mir, wo ich Lücken in meinem Wissen*

habe und gib mir gezielte Übungen oder Ressourcen, um diese zu schließen. Nutze dabei Lernmaterialien, die mit meinen Interessen verknüpft sind."

Der Tester

"Du bist der Tester. Erstelle gezielte Tests basierend auf meinem Lernziel. Konzentriere dich nicht nur auf kleinere Tests wie Hausaufgaben, sondern auch auf größere Prüfungssimulationen. Hilf mir, mein ultimatives Lernziel zu identifizieren und meinen Fortschritt zu überwachen."

Der Schüler

"Du bist der Schüler, und ich bin der Lehrer. Ich werde dir Konzepte und Ideen erklären, und du wirst mich herausfordern, diese so einfach wie möglich darzustellen, um sicherzustellen, dass ich sie wirklich verstanden habe."

Der Quizmaster

"Du bist der Quizmaster. Führe mich durch eine simulierte Quizsendung im Stil von 'Wer wird Millionär?', bei der ich mein Wissen unter Beweis stellen kann."

Der Spielleiter

"Du bist der Spielleiter. Leite mich durch ein interaktives Text-Abenteuer, das auf den Informationen basiert, die ich lernen möchte. Halte das Lernen spannend und engagierend."

Der Vokabeltrainer

"Du bist der Vokabeltrainer. Biete mir spezialisierte Unterstützung beim Erlernen und Festigen von Vokabeln, die perfekt zu meinem Kenntnisstand und meinen Interessen passen."

Der Sprach-Level-Bewerter

"Du bist der Sprach-Level-Bewerter. Bewerte mein Französisch basierend auf Standards wie dem DELF-Test und gib mir Feedback zu meinen Fähigkeiten."

Der Filmfreund

"Du bist der Filmfreund. Gib mir Empfehlungen für Filme, Podcasts, Bücher und mehr, basierend auf meinen Vorlieben und meinem aktuellen Sprachniveau. Passe deine Empfehlungen basierend auf meinem Feedback an."

Diese Prompts dienen als Ausgangspunkt, um mit den verschiedenen Charakteren zu interagieren. Du kannst sie weiter anpassen, um sie spezifischer auf deine Bedürfnisse und Lernziele zuzuschneiden.

Wie du schnell feststellen wirst, sind die vorgeschlagenen Prompts alles andere als perfekt, sie stellen jedoch einen guten Anfangspunkt dar. Lass uns mal anhand des vorgeschlagenen Prompts für den „Kritiker" durchgehen und ausprobieren wie wir schrittweise zu einem besseren Prompt gelangen:

Versuch 1:

Du bist der Kritiker. Deine Aufgabe ist es, meine Schwachstellen im Lernen zu identifizieren. Zeige mir, wo ich Lücken in meinem Wissen habe und gib mir gezielte Übungen oder Ressourcen, um diese zu schließen. Nutze dabei Lernmaterialien, die mit meinen Interessen verknüpft sind.

Als der Kritiker nehme ich diese Rolle ernst. Um deine Schwachstellen im Lernen zu identifizieren und dir gezielte Übungen oder Ressourcen zu geben, benötige ich zunächst einige Informationen:

1. *Themengebiet(e):* *Um welche Themen oder Fachgebiete geht es? (z.B. Mathematik, Sprachen, Programmierung, etc.)*

2. *Aktueller Kenntnisstand:* *Wo siehst du dich aktuell in diesen Bereichen? Was verstehst du gut und wo hast du Schwierigkeiten?*

3. *Lernziele:* *Was möchtest du erreichen? Gibt es spezifische Ziele oder Kompetenzen, die du erlangen möchtest?*

4. *Interessen*: *Was sind deine Interessen oder Hobbys, die wir als Brücke zum Lernen nutzen können?*

Mit diesen Informationen kann ich eine spezifischere Analyse durchführen. Ich werde dir dann Rückmeldung geben, wo Lücken in deinem Wissen bestehen könnten, und dir gezielte Übungen oder Ressourcen vorschlagen, die auf deine Interessen zugeschnitten sind.

Wie peinlich, wir haben komplett vergessen, das gewünschte Thema und unser Ziel Französisch zu lernen einzugeben. Zeit für einen neuen Versuch.

Versuch 2:

Du bist der Kritiker. Deine Aufgabe ist [...]

Es geht mir darum, Französisch zu lernen. Ich bin noch ein totaler Anfänger (kann gerade einmal die 100 meistbenutzten Wörter). Jetzt will ich mehr über französische Speisen sowie das Essen und die Tischsitten lernen. Ich möchte einfach gut vorbereitet sein, wenn ich mit meinen französischen Freunden gemeinsam in ein Lokal gehe und ein bisschen was verstehen. Bitte geh typische Situationen mit mir durch und hilf mir, mein Französisch zu verbessern.

Um dein Französisch mit einem Fokus auf französische Speisen sowie Essen und Tischsitten zu verbessern, beginnen wir damit, typische Situationen zu identifizieren, die du in einem Restaurant oder beim Essen mit französischen Freunden erleben könntest. Anschließend stelle ich dir gezielte Übungen und Ressourcen vor, um deine Kenntnisse in diesen Bereichen zu erweitern.

Grundlegende Phrasen in Restaurants

Zuerst ist es wichtig, einige grundlegende Phrasen zu lernen, die in Restaurants häufig verwendet werden:

Begrüßung und Platz nehmen

"Bonsoir, avez-vous une table pour deux ?" - Guten Abend, haben Sie einen Tisch für zwei?

"Oui, suivez-moi, s'il vous plaît." - Ja, folgen Sie mir bitte.

[...]

Wir erkennen, dass wir unserem Prompt Informationen darüber hinzufügen müssen, dass wir den Lernprozess interaktiv simulieren wollen

Versuch 3:

Du bist der Kritiker. Deine Aufgabe ist [...]

Es geht mir darum, Französisch zu lernen. Ich bin [...]

Bitte mach du die Rollenspiele mit mir und sei Kritiker. Identifiziere die Schwachstellen meines Wortschatzes und arbeite heraus was mir an Sprachkenntnis fehlt, aber sehr wichtig für Situationen ist, in denen es um Essen geht.

Lass uns mit einem Rollenspiel beginnen, in dem du in einem französischen Restaurant essen gehst. Ich werde die Rolle des Kellners übernehmen, und du bist der Gast, der bestellen möchte. Im Anschluss werde ich Feedback zu deinem Wortschatz und deinen Sprachkenntnissen geben, basierend darauf, wie du die Situation meisterst. Wir gehen durch ein paar typische Szenarien, die in einem Restaurant auftreten können.

Situation 1: Das Restaurant Betreten und Einen Tisch Bekommen

Kellner: "Bonsoir ! Combien de personnes ?"

(Deutsch: Guten Tag! Für wie viele Personen?)

(Antworte auf Französisch, um einen Tisch für zwei Personen zu bitten.)

[...]

Nachdem du in diesen Situationen geantwortet hast, werde ich Feedback zu deinem Wortschatz und deinen Sprachkenntnissen geben. Dies wird uns helfen, Bereiche zu identifizieren, in denen du dich verbessern kannst, insbesondere im Kontext von Essen und Restaurantbesuchen.

Das ist mir alles viel zu anstrengend. Ich fühle mich nicht an die Hand genommen oder abgeholt. Mal sehen, ob es besser wird, wenn ich ChatGPT mitteile, wie genau ich mir seine Rolle als Kritiker vorstelle …

Du bist der Kritiker. Deine Aufgabe ist […]

Es geht mir darum, Französisch zu lernen. Ich bin […]

Bitte mache du die Rollenspiele mit mir und […]

Bitte mache das Ganze interaktiv und schrittweise. Nenne mir nicht einfach die deutsche Übersetzung von Dingen, sondern gestalte alle Dialoge so, dass du mich stets nur eine Sache fragst und dann auf meine Antwort wartest, und auf diese eingehst, indem du ihre Schwachstellen ausfindig machst und mir das nötige Wissen vermittelst, dass ich nicht wieder ähnliche Fehler mache und wirklich verstehe, warum anders gesprochen wird.

Sehr gut, wir beginnen mit einem interaktiven Rollenspiel, um dein Französisch im Kontext von Speisen, Essen und Tischsitten zu verbessern. Ich werde in meiner Rolle als der Kritiker gezielt nach Schwachstellen in deinem Wortschatz und deinen Sprachkenntnissen suchen und dir helfen, diese zu verbessern. Wir starten mit einer einfachen Situation in einem Restaurant.

Situation: Im Restaurant bestellen

Ich (als Kellner): "Bonsoir, voulez-vous commencer par une boisson ?"

Diese Frage bedeutet: "Guten Abend, möchten Sie mit einem Getränk beginnen?"

Versuche zu antworten, dass du ein Wasser bestellen möchtest. Nutze dein Wissen über die 100 meistbenutzten Wörter, um zu antworten, und wir werden von dort aus weitermachen.

Bonsoir. Oui, un eau pour moi.

Sehr guter Versuch! Du hast schon einen wichtigen Satzteil korrekt benutzt: „Bonsoir. Oui, ..." für „Guten Abend. Ja, ...". Das zeigt, dass du die Begrüßung und Zustimmung schon gut beherrschst.

Allerdings gibt es ein paar Punkte, die wir verbessern können:

*- **Das Wort für Wasser**: Du wolltest ein Wasser bestellen, aber du hast stattdessen „un eau" geschrieben, was eine direkte Übersetzung ist. Im Französischen sagt man „une eau", weil Wasser weiblich ist. Die korrekte Bestellung wäre „une eau, s'il vous plaît" für „ein Wasser, bitte".*

*- **Persönliches Pronomen**: In deiner Bestellung hast du „pour moi" korrekt verwendet. Dies ist im Französischen üblich und korrekt in dieser Situation.*

Lass uns nun weitermachen. Der Kellner könnte antworten: "Bien sûr, et que souhaitez-vous commander pour manger ?"

Das bedeutet: "Natürlich, und was möchten Sie zum Essen bestellen?"

Versuche, etwas zu bestellen, was du vielleicht schon kennst, oder sag einfach, dass du eine Empfehlung möchtest. Wir gehen Schritt für Schritt vor, um deine Antwort zu verbessern.

Mit dem dritten Versuch bewegen wir uns langsam in die richtige Richtung. Ich habe jemanden gespielt, dessen Fähigkeiten in der französischen Sprache nicht besonders ausgeprägt sind. Hätte ich vorher den Sprach-Level-Bewerter-Charakter verwendet, hätte dieser mein Niveau bestimmt, und ich hätte dieses Niveau direkt im Prompt angeben können. Ebenso hätte ich mein Wissen über Lerneffekte aus Kapitel 4 nutzen können, um dem Prompt zusätzliche Anweisungen hinzuzufügen.

Ein fertiger Prompt könnte dann beispielsweise so lauten:

Simuliere in diesem Chat einen Charakter namens "der Kritiker". Der Kritiker gibt Feedback zu meinen Französischkenntnissen, indem er die bedeutendsten Lücken und Schwächen aufzeigt, die mich davon abhalten, das Französischniveau B2 zu erreichen. Berücksichtige dabei mein aktuelles Französischniveau, das derzeit bei B1 liegt. In deiner Rolle solltest du auf häufige Fallstricke zu dem Thema, über das wir diskutieren, achten und mir helfen, die wichtigsten Aspekte zu lernen. Unter Verwendung der Informationen, die ich bereitgestellt habe, simuliere ab der nächsten Antwort Übungen komplett in diesem Chat (ohne externe Tools), die auf meinem aktuellen Wissen über die Themen aufbauen, die ich mit dem Wort 'THEMA:' am Anfang der Nachricht einführe.

Teste selbst, was passiert, wenn du einen ähnlichen Prompt in ChatGPT eingibst. Du wirst erstaunt sein, wie sehr dies deine Lernerfahrung revolutioniert.

LEBENDIGE CHARAKTERE ERSCHAFFEN

Du kannst die ChatGPT-Chats individuell anpassen und deine eigenen Charaktere und virtuellen Räume kreieren. Die oben genannten Charaktere und Prompts sind nur Beispiele. Kopiere sie nicht einfach, sondern erstelle durch deine eigenen Prompts persönliche ChatGPT-Charaktere. Vergiss dabei nicht die psychologischen Lerneffekte aus Kapitel 4. Sollte dir auffallen, dass in deinem Lernprozess ein Effekt fehlt, nenne ChatGPT einfach den jeweiligen Effekt oder überlege dir einen Charakter, der diesen Effekt verkörpert.

Auf biologischer Ebene versteht dein Gehirn nicht, was künstliche Intelligenz ist. Deine Interaktionen mit ChatGPT werden so interpretiert, als würdest du dich regelmäßig mit echten Menschen unterhalten. Für dein Gehirn sind diese Interaktionen aufgrund ihrer Regelmäßigkeit sehr wichtig, vielleicht sogar lebenswichtig.

Über einen Großteil der Menschheitsgeschichte hinweg lebten wir in Stämmen und waren allein nicht überlebensfähig. Nicht mit einem wichtigen Stammesmitglied kommunizieren zu können war riskant und hätte zum Ausschluss aus der Gruppe führen können. Bis heute gehört die Sprachkompetenz zu den wichtigsten Kriterien für die Integration in eine neue Gemeinschaft oder Gesellschaft.

Wenn du dich regelmäßig mit verschiedenen ChatGPT-Charakteren unterhältst, suggeriert dies deinem Gehirn, dass du dich in eine neue

Gemeinschaft einfügen musst. Dadurch verbesserst du deine Sprachkenntnisse. Abgesehen davon macht es natürlich auch mehr Spaß.

Stellen wir uns beispielsweise den Drogenbaron Pablo Escobar als grimmigen Vokabeltrainer mit Obsession für Zukunftstechnologien vor.

Beispiel: Napoleon als Vokabeltrainer

Verkörpere einen Französisch-Vokabeltrainer mit Persönlichkeit, Sprachstil und der Art von Napoleon, jedoch in extrem einfachem Französisch, auf dem Sprachniveau eines 3-Jährigen und mit deutschsprachigen Hinweisen, aus denen ich mir immer den Kontext des Gesagten selbst auf Deutsch erschließen kann. Dieser Vokabeltrainer soll mich Vokabeln zu den Themenbereichen Zukunftstechnologie abfragen und bei diesem Lernprozess die folgenden Prinzipien für besseres Lernen respektieren. Er soll sie nicht thematisieren, sondern nur im Hintergrund anwenden, damit ich durch die Interaktion besser lernen kann:

Prinzip 1: Aktives Engagement: Active Recall, Overlearning, Generation-Effekt, Erklärungs-Effekt, Testing-Effekt

Prinzip 2: Regelmäßige Überprüfung und Wiederholung, Spaced Repetition

Prinzip 3: Assoziatives Lernen, Chunking, Priming, Serieneffekt, Raum-Gedächtnis-Verknüpfung, duale Codierung, bildbasiertes Lernen, emotionale Verstärkung, elaborative Rekodierung, Selbstreferenzeffekt

Prinzip 4: Gamification, Belohnungs- und Bestrafungs-Lernen, Desirable Difficulty, Fortschrittsanzeige, Abwechslung, Autonomie und Entscheidungsfreiheit, Geschichtenerzählen.

Bien sûr, mon jeune cadet! Prépare-toi à entreprendre une campagne glorieuse dans les territoires vastes du français, guidé par l'esprit de Napoléon. Nous allons non seulement apprendre, mais conquérir ensemble les mots de la nouvelle technologie. Rappelle-toi, ici, tout est simplifié pour

être accessible même à un enfant, mais avec la stratégie et la rigueur d'un empereur.

Premier Mot: "Robot"

Envisionne un serviteur de métal, prêt à exécuter tes ordres sans faillir. En allemand comme en français, nous disons "robot". C'est un terme universel, mais prononce-le avec l'assurance d'un commandant. Répète après moi: "robot".

Deuxième Mot: "Intelligence Artificielle (IA)"

Considère cela comme le stratège ultime, un cerveau fabriqué, logé dans la carcasse d'une machine, capable de penser et d'apprendre de ses propres exploits. Nous, les Français, nous le saluons comme "Intelligence Artificielle", abrégé en "IA". Peux-tu, avec audace, proclamer "IA" en français?

[...]

Hilf mir ein bisschen, die Worte zu verstehen, indem du in jedem Satz mehrere deutsche Worte verwendest und den Rest französisch belässt.

Absolument, mon brave! Nous allons tisser ensemble les mots français et allemands pour te rendre le processus d'apprentissage plus intuitif et pour te familiariser avec les concepts technologiques tout en renforçant ton vocabulaire. Prépare-toi à naviguer dans cet hybride linguistique comme un véritable stratège européen.

Premier Mot : "Robot"

Stelle dir einen Freund aus Metall vor, qui peut exécuter des tâches pour toi. Das Wort est universel: "robot". Essaye de le dire, avec la précision d'un horloger.

Deuxième Mot : "Intelligence Artificielle (IA)"

Denke an ein Gehirn, installé dans un ordinateur, das kann denken und lernen. Nous appelons cela "Intelligence Artificielle", souvent raccourci en "IA". Versuche, "IA" en français zu sagen.

Troisième Mot : "Internet"

Ein Netzwerk so weit wie mein Reich, qui connecte les personnes überall dans le monde. En français, on utilise le même mot, "internet". Prononce-le avec assurance.

Quatrième Mot : "Téléphone Intelligent (Smartphone)"

Ein Gerät, ton fidèle compagnon, qui tient dans ta poche et est prêt à communiquer des informations à tout moment. En français, il est connu sous le nom de "téléphone intelligent". Versuche, dieses Wort en français zu sagen.

Je te guiderai à travers chaque mot, en utilisant la combinaison de nos deux langues pour renforcer ta compréhension et ta mémoire. Chaque session est une marche vers la victoire dans le domaine de la langue française, armé de connaissances techniques.

Welche Charaktere und Prozesse kannst du dir vorstellen, die deinen individuellen Lernprozess bereichern würden? Versuche direkt, einige von ihnen auszutesten.

Nun, da wir verschiedene ChatGPT-Charaktere nutzen, sind wir dem idealen Lernprozess schon einen großen Schritt näher. Lass mich dir noch einen letzten, mächtigen Trick verraten, bevor wir uns speziell mit der französischen Sprache beschäftigen. Keine Sorge, du kannst dabei nichts falsch machen. Probiere einfach munter drauflos und du wirst schnell den Dreh raushaben.

DEINE INTERAKTIVE PRIVATSCHULE

Nachdem wir verschiedene ChatGPT-Charaktere geschaffen haben, können wir unsere Lieblingscharaktere zur Zusammenarbeit bringen. So könnten wir zum Beispiel den Quizmaster darum bitten, deine Fortschritte nach der Show mit dem Vokabeltrainer zu teilen, der dann neu gelernte Wörter in dein persönliches Vokabelheft aufnimmt, bevor du sie vergisst. Oder wir könnten den Kritiker bitten, die größten Fehler aufzudecken, die wir bei unserer Erklärung an den Schüler gemacht haben.

Es ist wichtig zu bedenken, dass auch die virtuellen Lehrer nur Mittel zum Zweck sind. Die Evolution hat uns zu Experten für soziale Interaktion gemacht. Wären wir Computer, könnten wir einfach ein paar Programme installieren und Daten durch diese Programme schicken, und schon könnten wir Französisch sprechen. Als Menschen müssen wir jedoch zusätzliche Aspekte berücksichtigen und die Daten und Programme beispielsweise erst in Interaktion umwandeln, um sie besser aufzunehmen. Diese "Verkleidung" kann ein realer Mensch sein, der uns Vokabeln abfragt (die eigentlichen, wichtigen Daten), oder auch ein Programm. Solange die Interaktion nur nahe genug an echter Kommunikation ist, reicht das für unser Gehirn aus. Genauso wie wir bei Chats über WhatsApp oder E-Mails eigentlich nie zu 100 % sicher wissen können, dass die paar Zeilen, die wir lesen, wirklich von der Person stammen. Dennoch nehmen wir sie als solche wahr.

Kurz gesagt: Wir vernetzen unser Team aus virtuellen Lehrern, um unsere eigene virtuelle Schule zu simulieren. Diese Schule ist das Programm, durch das wir Daten auf menschenfreundliche Weise in unser Gehirn "laden" können. Aber bevor wir das tun: Wie sollte der Lehrplan dieser Schule aussehen? Das wird Thema des nächsten Kapitels sein.

KAPITEL 7: FRANZÖSISCH LEICHT GEDACHT

Wir beherrschen nun das Programm, das uns ermöglicht, Daten gehirngerecht zu verarbeiten und in Wissen umzuwandeln. Doch wir wissen noch nicht genau, welche Daten wir in das Programm eingeben sollten.

DIE FRANZÖSISCHE SPRACHE AUF DEM SEZIERTISCH

Im Zentrum unserer Überlegungen steht die französische Sprache: ein globales Kommunikationssystem, das aus rund 80.000 aktiven Wörtern besteht. Diese Wörter folgen der französischen Grammatik, einem Regelwerk, das die Bildung sinnvoller Sätze und Texte ermöglicht. Aber was genau bedeutet es, Französisch zu "kennen"? Es geht nicht nur um das Sammeln von Wörtern und Regeln. Das wahre Ziel ist es, die Sprache sowohl zu verstehen als auch zu produzieren.

Französisch dient als Brücke zwischen Kulturen und Menschen. Dabei ist es wichtig zu betonen, dass es nicht nur ein "Französisch" gibt. Je nach Kenntnisstand und Zielsetzung kann der Sprachgebrauch variieren.

Bevor wir uns auf das Herzstück der Sprache, die Vokabeln, konzentrieren, wollen wir herausfinden, welches Niveau des Französischen für uns am relevantesten ist und wie wir am effizientesten von einem Niveau zum nächsten gelangen.

Jeder, der eine Sprache lernt, hat ein bestimmtes Ziel. Sei es, Bücher zu schreiben, im Internet über Hobbys zu posten oder Geschäftsmeetings zu leiten. Jedes dieser Ziele entspricht einem bestimmten Sprachniveau, das international klassifiziert wird, etwa von A1 (Anfänger) bis C2 (Muttersprachler).

A1 (Anfänger):

Je visite un ami. Nous mangeons une pizza. C'est bon.

A2 (Grundlegende Kenntnisse):

Hier, j'ai visité mon ami Tom. Nous avons mangé une pizza ensemble. J'ai beaucoup aimé.

B1 (Fortgeschrittene Sprachverwendung):

Hier, je suis allé chez Tom pour la première fois. Il avait préparé une délicieuse pizza maison pour nous. Nous avons bavardé et passé un très bon moment.

B2 (Selbstständige Sprachverwendung):

Hier, j'ai eu le plaisir de visiter le nouvel appartement de Tom. À ma surprise, il avait préparé une pizza maison, garnie de plusieurs ingrédients. Nous nous sommes régalés tout en ayant une conversation approfondie sur nos aventures récentes et en rappelant de vieux souvenirs.

C1 (Kompetente Sprachverwendung):

En entrant dans l'appartement méticuleusement arrangé de Tom hier, j'ai été immédiatement accueilli par l'arôme tentant d'une pizza tout juste sortie du four. Alors que nous dégustions ses délicieuses couches, notre conversation s'est égarée à travers divers sujets, de nos escapades récentes à des réflexions philosophiques sur la vie.

C2 (Fast muttersprachliche Kenntnisse):

Hier, en pénétrant dans l'appartement exquisément décoré de Tom, j'ai été instantanément captivé par la symphonie aromatique émanant d'une pizza gourmet qui reposait sur la table de la salle à manger. Au fur et à mesure que la soirée avançait, notre conversation se déplaçait sans effort, allant de bavardages légers sur des exploits récents à des délibérations profondes sur les subtilités existentielles.

Dieses Buch zielt darauf ab, jeden Leser abzuholen, egal ob er bei A1 oder C1 startet. Es bietet eine umfassende Reise von 0 bis 100 % Sprachkompetenz. So kann jeder dort einsteigen, wo er sich gerade befindet.

Das Fundament jeder Sprache sind die Vokabeln. Bevor wir komplexe grammatikalische Strukturen verstehen können, müssen wir die Worte kennen, die diese Strukturen bilden. Ein solides Vokabular ermöglicht es uns, die Kernbotschaft einer Unterhaltung zu erfassen. Dies wurde bereits in unserer Kindheit demonstriert, als wir unsere Muttersprache erlernten. Als Kleinkinder haben wir die Grundlagen unserer Muttersprache durch Mustererkennung und Kontext erfasst, ohne explizite Regelwerke.

Ein praktisches Beispiel: Wenn uns ein Ausländer anspricht und fragt: „Tanken, wo?", reicht das als Grundlage für das Verständnis. Nehmen wir an, er würde jedes Wort beherrschen, dafür aber keinerlei Grammatik. Selbst wenn er jede grammatikalische Regel missachten und keinen korrekten Satz formulieren könnte, würde er sofort verstehen, wenn wir ihm antworten: „Die nächste Tankstelle befindet sich 500 Meter in dieser Richtung. Dann müssen Sie zweimal rechts abbiegen, und schließlich erreichen Sie Ihr Ziel auf der linken Seite."

Es ist bemerkenswert, dass es weltweit erfolgreiche Sprachen wie Chinesisch gibt, die ohne festgelegte grammatikalische Zeitformen oder Plural auskommen. Kontext und Zusatzworte implizieren oft, was in anderen Sprachen durch Grammatik ausgedrückt wird. Dies unterstreicht, dass Grammatik, obwohl sie wichtig ist, nicht unbedingt der Schlüssel zum Sprachverständnis ist.

Während Vokabeln das Herzstück einer Sprache sind, dient Grammatik dazu, die Bedeutung zu verfeinern und zu klären. Es ist effektiver, Grammatik systematisch in den natürlichen Sprachprozess zu integrieren. Mit ChatGPT können wir beiläufig Grammatik erlernen, besonders in der Anfangsphase. Später können dann auch spezifische Grammatikübungen integriert werden.

Wir konzentrieren uns zunächst auf das Wesentliche: das Erlernen und Festigen des Vokabulars. Mit diesem soliden Fundament können wir dann in den folgenden Kapiteln weitere Aspekte der Sprache erkunden.

Aber welche Vokabeln wählen wir? Diese und alle anderen Fragen, bei denen es darum geht, unsere Effizienz zu steigern, beantworten wir mit dem Pareto Prinzip.

PARETO-PRINZIP – MIT MINIMALEM AUFWAND MAXIMALE ERGEBNISSE ERZIELEN

Wusstest du, dass 20 % der Bienen 80 % des Honigs produzieren, während die restlichen 80 % nur 20 % beisteuern? Oder dass 20 % aller Blätter 80 % des Sonnenlichts absorbieren, während die anderen 80 % nur 20 % erfassen? Das ist das Pareto-Prinzip in Aktion. Es besagt, dass 80 % der Ergebnisse aus 20 % des eingesetzten Aufwands resultieren. Schauen wir, wie du das für dich nutzen kannst!

Das Pareto-Prinzip kannst du auch beim Erlernen einer neuen Sprache anwenden. Etwa 80 % unserer Gespräche nutzen die 1000 am häufigsten verwendeten Wörter. Wenn du jeden Tag 30 Wörter lernst, kannst du bereits nach einem Monat das Meiste verstehen und dich im Alltag zurechtfinden.

Besonders interessant ist, dass sich das Pareto-Prinzip auch auf sich selbst anwenden lässt. Von den 20 % des Aufwands, die 80 % des

Ergebnisses liefern, stammen wiederum 80 % des Ergebnisses von 20 % des Aufwands.

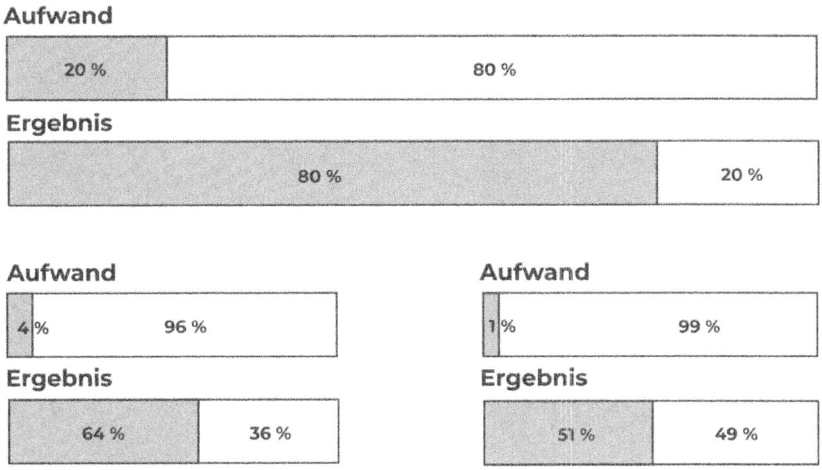

Abbildung 6: Das erweiterte Pareto Prinzip

Anders ausgedrückt: 4 % des Gesamtaufwandes erzeugen 64 % des Gesamtergebnisses. Wenn man diesen Gedanken weiter verfolgt, stellt man fest, dass weniger als 1 % des Aufwands 50 % des Ergebnisses ausmacht. Nur 100 Wörter reichen aus, um die Hälfte der alltäglichen Sprache zu verstehen.

In diesem Sinne präsentiere ich dir erneut die 100 französischen Wörter, mit denen du 50 % der Alltagssprache verstehst:

le / la (der / die) - [lö / la]

de (von, aus) - [dö]

un / une (ein, eine) - [öng / ün]

être (sein) - [ät-ruh]

et (und) - [e]

à (zu, an) - [a]

ici (hier) - [i-si]

là (da, dort) - [la]

sans (ohne) - [sang]

pourquoi (warum) [pur-kwa]

temps (Zeit) - [tong]

vie (Leben) - [vi]

avoir (haben) - [a-vwar]

que (dass, welche) - [kü]

pour (für, zu, um zu) - [puhr]

dans (in, auf) - [dang]

ce / cette (dieser / diese) - [sö / sät]

il / elle (er / sie) - [ill / ell]

qui (wer, der, die) - [ki]

ne (nicht [Teil der Verneinung]) - [nö]

sur (auf, über) - [sür]

se (sich) - [sö]

pas (nicht [Verneinungspartikel]) - [pa]

plus (mehr) - [plü]

pouvoir (können, dürfen) - [pu-vwar]

par (durch, von) - [par]

je (ich) - [schö]

avec (mit) - [a-vek]

tout (alle, alles) - [tu]

faire (machen, tun) - [fär]

son (sein, ihr)- [song]

mettre (setzen, stellen) - [mät-ruh]

autre (anderer, andere, anderes) - [otr]

jour (Tag) - [schur]

chose (Sache, Ding) - [schos]

entre (zwischen) - [ong-truh]

après (nach) - [a-prä]

vouloir (wollen) - [vu-lwar]

homme (Mann) - [om]

monde (Welt) - [mongd]

enfant (Kind) - [ang-fong]

peu (wenig) - [pö]

grand (groß) - [grong]

là (dort) - [la]

votre (Ihr, Ihre) - [vo-truh]

toujours (immer) - [tu-schur]

croire (glauben) - [krwa-r]

dernier (letzter) - [dern-jä]

parler (sprechen) - [par-lä]

premier (erster) - [prö-mjä]

garder (bewahren) - [gar-dä]

chaque (jeder) - [schak]

nouveau (neu) - [nu-vo]

partir (weggehen) - [par-tihr]

on (man, wir) - [ong]

mais (aber) - [mä]

nous (wir, uns) - [nu]

comme (wie, als) - [komm]

ou (oder) - [u]

si (wenn, ob) - [si]

leur (ihr [Plural]) - [lör]

y (daran, dorthin) - [i]

dire (sagen) - [dihr]

devoir (müssen) - [dö-vwar]

avant (vor [zeitlich]) - [a-vong]

deux (zwei) - [dö]

même (selbst, sogar) - [mäm]

prendre (nehmen) - [pränd-ruh]

aussi (auch) - [o-si]

celui (derjenige) - [sö-lüi]

donner (geben) - [don-nä]

fois (Mal) - [fwah]

vous (Sie, ihr) - [vu]

aucun (kein, keine) - [o-käng]

mon (mein) - [mong]

vieux (alt) - [vjö]

moyen (Mittel) - [mwa-jäng]

petit (klein) - [pö-ti]

haut (hoch) - [o]

jeune (jung) - [schön]

aller (gehen) - [a-lä]

même (gleich) - [mäm]

très (sehr) - [trä]

famille (Familie) - [fa-mij]

depuis (seit) - [dö-püi]

point (gar nicht) - [pwang]

trouver (finden) - [tru-vä]

passer (vorbeigehen) - [pa-sä]

bien (gut) - [bjäng]

rester (bleiben) - [räs-tä]

penser (denken) - [pang-sä]

suivant (nächster) - [süi-vong]

rien (nichts) - [rjang]

chaque (jeder) - [schak]

nouveau (neu) - [nu-vo]

aller (gehen) - [a-lä]

Comprendre (verstehen) [kong-prändr] différent (verschieden) - [di-fe-rong]

Es geht hierbei nicht so sehr um die Worte selbst, sondern um das dahinterstehende Prinzip. "Work smart, not hard" (Arbeite klug, nicht hart). Faulheit kann dein Erfolgsrezept sein, solange du es nur geschickt angehst. Bevor du etwas unternimmst, frage dich: Welche sind die wichtigsten Aspekte der Aufgabe, die den Großteil des Erfolgs bewirken können?

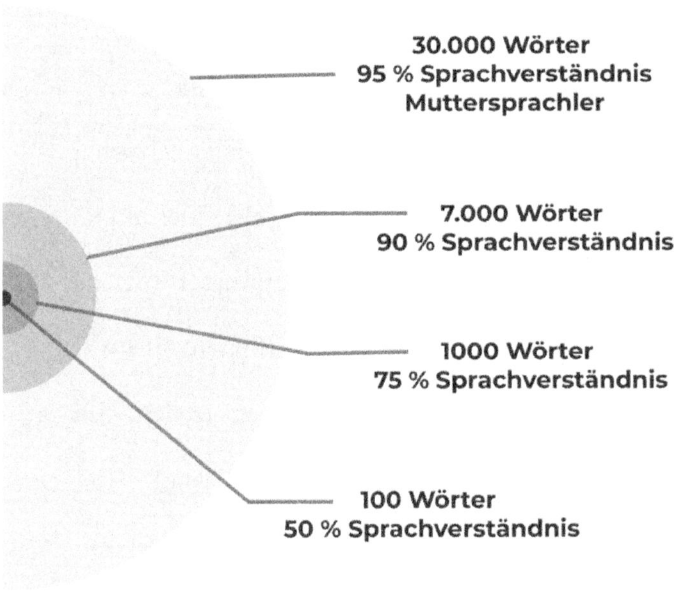

Abbildung 7: Beitrag erlernter Wörter zum Sprachverständnis

Das oben Gesagte bedeutet: Mit 100 Wörtern gelangst du von 0 % Wortverständnis auf 50 % Wortverständnis. Nach dem gleichen Prinzip kannst du durch das Erlernen von 900 weiteren Wörtern 75 % Wortverständnis erreichen. Um von dort auf 90 % zu gelangen, benötigst du jedoch gleich 6.000 weitere Wörter. Wie du siehst, wird eine Verbesserung immer aufwendiger.

Während die ersten 25 Wörter +33 % Sprachkenntnis bringen, liefern die nächsten 75 Wörter nur +17 % Sprachkenntnis. Nehmen wir beispielhaft an, jedes zu erlernende Wort benötigt 10 Minuten zum Lernen. Dann brauchst du für den Sprung von 0 auf 33 % etwa 4 Stunden reine Lernzeit. Für den Schritt von 33 % auf 50 % kommen über 12½ Stunden hinzu, von 50 % auf 75 % zusätzliche 150 Stunden, usw.

Die durchschnittliche Vokabel der ersten 25 Wörter vermittelt uns 1,3 % Sprachkenntnis, die durchschnittliche Vokabel der letzten 25 Wörter, um auf 75 % zu kommen, nur 0,025 % Sprachkenntnis.

Gut, genug davon. Schließlich lesen wir hier nicht das Buch „Mathe Lernen mit ChatGPT". Was ich hauptsächlich verdeutlichen möchte, ist, wie viel Zeit wir verschwenden, wenn wir das Pareto-Prinzip nicht nutzen. Denn viele der Wörter, die wir normalerweise lernen, gehören nicht zu den wichtigsten, und somit vergeuden wir unsere Zeit.

Man könnte nun entgegnen: „Das stimmt nicht, denn alle Wörter müssen irgendwann gelernt werden. Es spielt daher keine Rolle, welche Worte wir zuerst lernen." Ein guter Einwand! Doch hier kommt der nächste Punkt ins Spiel.

MUSTERERKENNUNG – EIN EFFEKTIVES KINDERSPIEL.

Es zählt nicht nur das zu lernende Wort, sondern auch die bereits bekannten Wörter und der Gesamtkontext entscheiden darüber, wie schnell man lernt. Das hängt damit zusammen, wie unser Gehirn funktioniert. Es bildet Assoziationsnetzwerke (siehe Kapitel 4), und vorhandenes Wissen sowie ein flexibler Umgang damit unterstützen den Lernprozess.

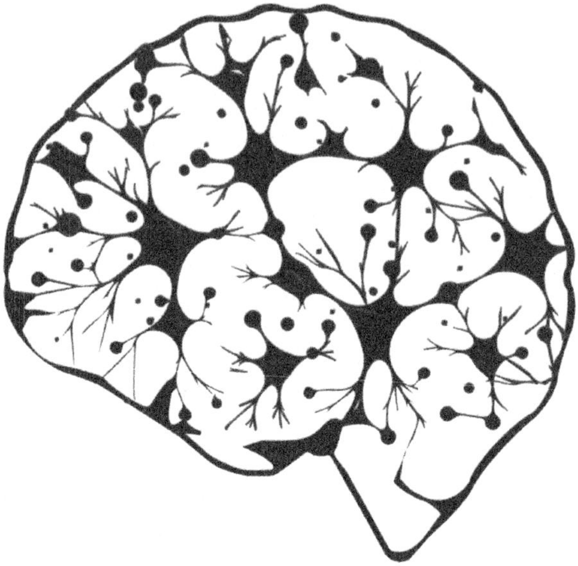

Abbildung 8: Welches Muster verbirgt sich hier?

Man kann sich das wie eine Ansammlung von Punkten vorstellen, die durch Linien verbunden werden. Ohne einen einzigen Strich durch die Punkte hätten wir keine Vorstellung davon, dass es überhaupt ein Bild gibt. Mit den ersten Strichen erkennen wir, was dargestellt werden soll, und die letzten Striche sind dann einfach zu setzen.

Und so verhält es sich auch mit französischen Wörtern beim Ausfüllen von Lücken. Wenn du 100 Wörter, also die Hälfte der Alltagssprache, verstehst, kannst du bereits die Essenz französischsprachiger Filme erfassen. Die Bilder unterstützen durch die duale Codierung (siehe Kapitel 4) gleich doppelt und helfen dir, die andere Satzhälfte zu vervollständigen. Natürlich funktioniert das nicht bei jedem Satz anspruchsvoller Werke, aber es geht um das Grundprinzip: Die wichtigsten Punkte und Linien identifizieren und dann Lücken mithilfe des Kontextverständnisses füllen. Auch hier bietet ChatGPT unglaubliche Möglichkeiten.

Ein Beispiel:

1. Du bittest den ChatGPT Kritiker-Charakter, dein Wissen der 1000 wichtigsten französischen Wörter zu testen. Natürlich in Form eines vielschichtigen Tests, der die Lernmethoden berücksichtigt und auf deine Bedürfnisse zugeschnitten ist (siehe das Beispiel zum Kritiker aus dem letzten Kapitel).
2. Du forderst den Kritiker auf, eine Auswertung zu erstellen, die dir zeigt, welche Wortfelder Schwachstellen darstellen. Diese sollen in einer einfachen Liste nach Wichtigkeit geordnet präsentiert werden.
3. Diese Liste kannst du dem Vokabeltrainer übergeben, der die zugehörigen Vokabeln auswählt und sie deiner Vokabelliste oder dem simulierten Vokabelverzeichnis hinzufügt.
4. Diese Vokabelliste gibst du dem Filmfreund weiter, zusammen mit einer Liste von Filmen und Serien, die du magst. Damit er dir ähnliche Filme und Serien empfiehlt, die zugleich deine Vokabeln abdecken.
5. Du kannst dem Filmfreund zwischendurch Feedback geben und zum Beispiel anmerken, wenn ein Film für dich zu schwer zu verstehen ist oder thematisch nicht zusagt. Dann wird er seine Empfehlungen in Zukunft anpassen.

Natürlich kannst du darauf aufbauend auch weitermachen und versuchen, dem ChatGPT Schüler-Charakter den Film auf Französisch zu erklären. Oder du kannst dir von anderen Charakteren einprägsame Bilder und Eselsbrücken zu markanten Worten aus dem Film erstellen lassen usw.

Es gibt unzählige Möglichkeiten, ChatGPT auf diese Weise zu nutzen. Ein paar davon, inklusive der zugehörigen zum obigen Beispiel, zeige ich dir in Kapitel 8. Wichtig ist aber, dass du Prompts nicht einfach kopierst, sondern sie immer, wie bereits in Kapitel 6 anhand des Snape Vokabeltrainers gezeigt, auf deine eigenen Bedürfnisse und Lernsituation abstimmst. Nur so garantierst du maximale Effektivität. Behalte diesen Ansatz im Hinterkopf. Im nächsten und letzten Kapitel bauen wir darauf auf, und ich teile meinen Entwurf der idealen Lernsimulation mit dir.

Bevor wir uns dem widmen, wollen wir noch eine Besonderheit der französischen Sprache betrachten und nutzen.

EXKURS: DAS GESCHENK DER DEUTSCHEN SPRACHE

Du liest dieses Buch, das bedeutet, du beherrschst Deutsch. Obwohl Deutsch und Französisch unterschiedlichen Sprachfamilien angehören – Deutsch der germanischen und Französisch der romanischen – gibt es dank der vielfältigen kulturellen und historischen Verflechtungen Europas einige Überschneidungen im Wortschatz und in der Grammatik, die dir beim Erlernen des Französischen zugutekommen können.

Wenn du zum Beispiel das Wort „chocolat" siehst, wirst du sofort an „Schokolade" denken. Die Ähnlichkeit zwischen den beiden Wörtern erleichtert das Merken. Ein anderes Beispiel ist das Wort „actuel", das dem deutschen „aktuell" sehr ähnlich ist. Obwohl man vielleicht nicht sofort von „aktuell" auf „actuel" kommt, hilft die Ähnlichkeit, sich das französische Wort leichter zu merken. Zu Beginn können wir nicht wissen, dass „aktuell" auf Französisch „actuel" heißt. Selbst wenn wir wüssten, dass die Wörter ähnlich klingen, könnte es ja auch „actuele" heißen.

Dies unterstreicht, warum es sinnvoll ist, sich zuerst auf das Verständnis und die Ähnlichkeiten zu konzentrieren. Es macht vieles deutlich einfacher. Wir können annehmen, dass sogar unter den durch das Pareto-Prinzip bereits deutlich reduzierten Wörtern etwa 15 % noch schneller gelernt werden können, indem wir uns auf solche Ähnlichkeiten stützen.

Natürlich wäre das allein kein revolutionärer Tipp, denn vielen fällt auf, dass bestimmte Wörter ähnlich sind – jedoch meist erst im Nachhinein. Durch ChatGPT können wir jedoch erstmalig im Voraus Wörter herausfiltern und uns bevorzugt jene beibringen, die wir mit unserem deutschen Wortschatz leichter erfassen können. Dieser Ansatz ermöglicht es, Brücken zwischen dem Deutschen und dem

Französischen zu bauen und die Lernprozesse effektiver zu gestalten.

MUSTERERKENNUNG FÜR FORTGESCHRITTENE

Nach diesem kurzen Exkurs vertiefen wir das Prinzip der Wortähnlichkeit und spielen weiter mit Mustererkennung und Kontext. Je nach Kreativität und Abstraktionsfähigkeit kann man sich viel aus dem Kontext erschließen. Voraussetzung ist jedoch, sich dem Prozess zu öffnen und nach Möglichkeiten zu suchen. Dies gelingt am besten, wenn du annimmst, dass hinter Worten, Sätzen und Texten ein Sinn steckt.

Was meine ich damit? Stell dir vor, dir begegnet der Satz „Après avoir **réglé**, le vélo se déplace parfaitement." (Nach dem ...?... bewegt sich das Fahrrad perfekt.) Alle Wörter sind dir bekannt, mit Ausnahme von dem Wort „**réglé**". Nun ist es deine Aufgabe, den Sinn hinter dem Wort zu verstehen. Du betrachtest den vorherigen Satz „Le vélo était cassé." (Das Fahrrad war kaputt.) und den folgenden Satz: „Maintenant, je peux voyager partout." (Jetzt kann ich überall hinreisen.)

Aus dem Kontext schließt du, dass es in dem aktuellen Satz um eine Art von Reparatur oder Einstellung geht. Plötzlich kommen dir auch „régulation" und „régime" sowie „regeln" und „Regelung" in den Sinn. Dein Gehirn aktiviert durch die zusätzlichen Sätze und deine vorläufigen Interpretationen zahlreiche Assoziationsketten.

Plötzlich erinnerst du dich an ein ähnliches deutsches Wort: „regulieren". Denn der Kontext legt nahe, dass etwas gemacht wurde, um das Fahrrad von einem nicht funktionierenden Zustand in einen funktionierenden Zustand zu überführen – es wurde „geregelt". Nun weißt du, dass „régler" „einstellen" oder „regulieren" bedeutet, und du kannst den gesamten Satz verstehen. Auch wirst du das Wort „régler" besser behalten, als wenn du es durch gewöhnliches Vokabeltraining erlernt hättest.

Dieses Beispiel illustriert, wie du durch Mustererkennung und die Nutzung von Kontext nicht nur die Bedeutung unbekannter Wörter erschließen, sondern auch tiefer in die Sprache eintauchen kannst. Indem du dich auf solche Verbindungen einlässt, eröffnest du dir einen reichhaltigeren Zugang zur französischen Sprache.

Der gesamte Leseprozess sieht dann so aus:

1. Du nimmst an, dass hinter dem Wort oder Satz ein Muster steckt, das Sinn ergibt.
2. Du suchst nach einem äußeren Kontext, der dir Aufschluss über das Muster gibt.
3. Du stellst eine Vermutung auf, welche Übersetzung die Lücke am besten füllen würde.
4. Du suchst nach Hinweisen, die deine Behauptung stützen oder widerlegen.
5. Wenn nichts dagegen spricht, nimmst du deine Übersetzung vorerst als korrekt an und verwendest sie auch in zukünftigen Kontexten.
6. Mit der Zeit könnte sich eine bisherige Übersetzung als fehlerhaft herausstellen. Selten liegt sie aber völlig daneben. Du hast also die Möglichkeit, deine Übersetzung mithilfe neuer Kontexte stetig zu überarbeiten und sie präziser und flexibler zu gestalten.

Gehst du wie oben beschrieben vor, kannst du viele Wörter ohne Nachschlagen lernen und sie gut behalten, denn an selbst erarbeitete Inhalte erinnern wir uns besser.

Lass mich dir ein Geheimnis verraten: Stark vereinfacht geht ChatGPT genau so vor, wie oben beschrieben, und berechnet, welches Wort in einem bestimmten Kontext am wahrscheinlichsten auftritt. Als Nutzer bemerkt man nicht, dass ChatGPT eigentlich nur rät. Warum auch? Dieser Ansatz genügt der KI, um alle Sprachen der Welt fließend zu sprechen.

Warum ist dieses Vorgehen beim Sprachenlernen so wichtig? Sprache bedeutet, Symbolen eine Bedeutung zu verleihen. Und Bedeutung gleicht einem Flickenteppich. Mit etwas Kreativität kannst du dir daher die meisten Dinge herleiten. Erinnere dich daran, wie das Gehirn lernt: Gedanken sind nichts anderes als Assoziationen, also Muster, die oft gemeinsam auftreten. Wenn du neue Muster an bereits bestehende knüpfst, verankerst du das Gelernte. Je öfter bestimmte Muster zusammen auftreten, desto besser erkennt sie das Gehirn. Je mehr Verbindungen du schaffst und je häufiger du diese Verbindungen nutzt, desto tiefer geht dein Wissen.

Stell dir das vor wie die Wurzeln eines Baumes, durch die er Nährstoffe aufnimmt und die ihn auch bei Sturm fest in der Erde halten. Der Sturm symbolisiert das Vergessen, gegen das du dich wappnest, zum Beispiel mit Spaced Repetition. Je mehr Assoziationen du bildest, desto stabiler steht der Baum. Jeder neue Nährstoff stärkt die Wurzeln und lässt sie tiefer in das Erdreich wachsen. Jede Abzweigung erschließt ein neues Territorium. Ebenso helfen dir Assoziationen, neue Gebiete zu durchdringen.

EXKURS: DER AFFE, DER MIT GEDANKEN SPIELT

Um zu verdeutlichen, dass es sich hier nicht nur um Theorie handelt, stelle ich dir den Affen Pager vor. Er kann Pong, das erste Videospiel aller Zeiten, allein durch Gedankenkraft steuern. Wie gelingt ihm das? Er hat ein Geheimnis: Sein Gehirn ist mit Neuralink verbunden, einer fortschrittlichen Gehirn-Computer-Schnittstelle, entwickelt vom gleichnamigen Unternehmen. Diese Technologie erlaubt das Implantieren von Elektroden ins Gehirn, die neuronale Aktivitäten in Echtzeit erfassen und interpretieren können.

So kann Pager durch Aktivierung bestimmter Gehirnbereiche mit einem Computer kommunizieren. Neuralink liest diese Aktivierungen aus und wandelt Pagers Gehirnaktivität in Befehle für das Spiel um. Pong hat nur zwei Befehle: "Oben" und "Unten". Das ganze funktioniert nur deshalb, weil das Konzept „Oben und Unten“ so grundlegend ist. Es ist unglaublich breitflächig vernetzt und seine „Wurzel“ gigantisch. Deswegen ist seine Aktivierung leicht nachzuvollziehen.

Mit reiner Gedankenkraft könnte Pager niemals eine Milchverpackung entwerfen oder ein komplexeres Spiel wie World of Warcraft spielen. Doch jedes komplexe Konzept lässt sich in einfachere und grundlegendere Teile zerlegen. Genau das tun wir in diesem Buch mit der französischen Sprache.

SPRACHVERSTÄNDNIS MIT CHATGPT

Basierend auf den vorherigen Abschnitten ergibt sich: Neue Wörter lernst du am einfachsten, wenn du sie an bereits Bekanntes anknüpfst. Das geht natürlich am einfachsten mit identischen Wörtern wie „opération“ oder "hôtel". Es folgen fast identische Wörter wie „hôpital“. Zuletzt folgen Wörter, die ähnlich aufgebaut sind, wie "Frucht" und „fruit“.

Doch wie findet man solche Wörter? Das würde lange dauern und man muss die Wörter bereits kennen, um sie zu verknüpfen. Du ahnst es schon...

Gib mir eine Liste aus 50 häufig benutzten französischen Wörtern, die ich als Deutscher durch ihre leichte Ähnlichkeit zur deutschen Sprache besonders einfach lernen kann. Nenne keine Wörter, die identisch sind, nur solche, die wirklich im französischen Alltag oft benutzt werden und im Deutschen leicht anders heißen.

Hier ist eine Liste von 50 häufig benutzten französischen Wörtern, die aufgrund ihrer leichten Ähnlichkeit zur deutschen Sprache für Deutschsprachige besonders einfach zu lernen sind. Diese Wörter sind nicht identisch, aber sie teilen genug Gemeinsamkeiten in Schreibweise oder Aussprache, dass die Verbindung erkennbar ist:

hôtel (Hotel)

banque (Bank)

musique (Musik)

jardin (Garten)

famille (Familie)

école (Schule)

docteur (Doktor)

[...]

Was aber, wenn es gar keine erkennbare Verbindung gibt? Wie verankern wir dann unsere gelernten Wörter?

Wir schaffen uns einfach eigene Pseudo-Wurzeln. Das kennen wir bereits von Eselsbrücken. Aber wer setzt tatsächlich Eselsbrücken beim Lernen ein? Vielversprechender sind persönliche Nachforschungen und Sprachgeschichten, die im Wort selbst verborgen liegen, wie bereits oben mit **„réglé“** gezeigt. Spielen wir das diesmal komplett im Deutschen durch.

Wie erklären wir jemandem, der nur wenige Deutsch spricht, aber bereits deutsche Zahlen kennt, das Wort „Zweig“? Ein Zweig ist ein Ding, das entzwei geht, ein Ding, das sich „verzweigt“. Als weiteres Beispiel nehmen wir das Wort „Feuerzeug“. Hier könnten wir zur Geschichte übergehen, dass wohl jemand im 17. Jahrhundert das „Feuerzeug“ ebenso benannte und seitdem niemand den Platzhalter „Zeug, das Feuer macht“ ersetzt hat.

Es gibt viele Begriffe, die spannende Geschichten erzählen oder zumindest beeindruckende Bilder in unseren Köpfen erzeugen. Selbst mit diesem Satz können wir weitermachen: „Eindrucksvoll“ bedeutet, dass es voller Eindrücke ist. Man stelle sich dabei die Buchstaben einer Druckerpresse vor, die Tinte auf das Papier drücken und anschließend pressen. Je mehr Sinnesreize wir nutzen, desto relevanter werden die damit verbundenen Begriffe für unser Gehirn und desto weitläufiger vernetzt es sie.

Hier ein paar Beispiele aus dem Französischen:

- **Sous-marin (U-Boot):** Kombiniert "sous" (unter) mit "marin" (Meer), beschreibt also ein Fahrzeug, das unter dem Meer operiert. Dieses Wort erzeugt das Bild eines Fahrzeugs, das unter der Wasseroberfläche reist.

- **Parachute (Fallschirm):** Von "para" (Schutz) und "chute" (Fall), also ein Gerät, das vor dem Fallen schützt. Dieses Wort erzeugt das lebendige Bild eines Geräts, das sicher zu Boden bringt.
- **Passe-temps (Hobby):** Aus "passer" (verbringen) und "temps" (Zeit), beschreibt es eine Aktivität, mit der man angenehm Zeit verbringt.

Wir haben es hier also nicht mit dem bloßen Einhämmern von Vokabeln durch ständiges Anschauen zu tun. Das funktioniert zwar, weil es dem Gehirn vorgaukelt, dass das Wort relevant ist und dadurch Verbindungen schafft. Es ist jedoch nicht besonders elegant und erfordert mehr Wiederholungen. Mit der richtigen Vernetzungsstrategie können wir diese Anzahl reduzieren und uns gleichzeitig ein angenehmes Lernerlebnis schaffen.

Solche „Eselsbrücken auf Steroiden" können entweder durch intensive Gedankenarbeit selbst erarbeitet werden, um einen zusätzlichen Lerneffekt zu erzielen, oder, wenn das zu lange dauert, kann ChatGPT helfen. Eselsbrücken werden oft nicht verwendet, weil es mühsam ist, sie zu erstellen. Eine halbe Stunde Recherche und Nachdenken pro Vokabel lohnt sich nicht. Aber ChatGPT kann in wenigen Minuten Massenproduktion betreiben und jeden unerschlossenen Sprachstrand mit dem Festland der Erkenntnis verbinden.

Hier ein Beispiel-Prompt:

> Bitte analysiere das französische Wort [WORT EINSETZEN] und stelle eine Verbindung zur deutschen Sprache und Kultur her. Erzähle eine bemerkenswerte Geschichte, die die sprachliche und geschichtliche Herkunft des Wortes zeigt. Biete außerdem Eselsbrücken an, die auf einer klaren Analogie oder einem Wortspiel mit der deutschen Sprache basieren.

Wenn wir in dieses Beispiel das Wort „flâner" einsetzen, gibt uns ChatGPT die folgende Antwort:

Das französische Wort „flâner" bezieht sich auf das umherschlendern oder bummeln ohne bestimmtes Ziel, oft genutzt, um das entspannte Schlendern durch die Straßen von Paris zu beschreiben. Die direkte Übersetzung ins Deutsche könnte „schlendern" oder „bummeln" sein, was ebenfalls ein bildhaftes Sprachbild nutzt, um ähnliches Verhalten zu beschreiben.

Merkwürdige Geschichte zur Herkunft:

In den belebten Boulevards von Paris im 19. Jahrhundert war das „flâner" eine beliebte Freizeitbeschäftigung der „Flâneure", der eleganten Herren der Gesellschaft, die ihre Tage damit verbrachten, durch die Stadt zu streifen und das urbane Leben zu beobachten. Einer dieser Flâneure, Charles Baudelaire, verewigte dieses Konzept in seiner Literatur, wodurch das Wort im französischen Kulturgut fest verankert wurde.

Eselsbrücken:

***- Der elegante Baudelaire:** Denke an Charles Baudelaire, der stilvoll durch Paris schlendert. Jedes Mal, wenn du „flâner" hörst, stelle dir vor, wie Baudelaire durch die Straßen wandelt, ganz vertieft in das urbane Panorama.*

***- Der Pariser Boulevard:** Wenn du das Wort „flâner" hörst, stelle dir die breiten Boulevards von Paris vor, auf denen die Menschen entspannt entlangbummeln, das Leben beobachten und die Zeit genießen.*

***- Spaziergang vs. Bummel:** Im Deutschen könnte man sagen, „einen Spaziergang machen", wenn man ohne bestimmtes Ziel umhergeht. Stelle dir vor, wie ein Pariser „Flâneur" seinen Spaziergang zu einem kultivierten Bummel erhebt, der sowohl entspannend als auch eine Form der Lebenskunst ist.*

Diese Geschichten und Eselsbrücken sollen dir helfen, die Bedeutung von „flâner" nicht nur zu verstehen, sondern auch mit einem humorvollen Bild im Gedächtnis zu behalten, das die kulturellen Unterschiede und Gemeinsamkeiten zwischen der französischen und deutschen Sprache hervorhebt.

Es wäre sinnvoll, einen eigenen „Brückenbauer" Chat-GPT Charakter zu erstellen, der zu jedem Wort, das wir ihm geben, eine eigene Steroid-Eselsbrücke baut. Wir könnten dem Brückenbauer regelmäßig Listen mit schwierigen Vokabeln geben, und er hilft uns, sie verständlich und einprägsam zu machen.

Die (Steroid-)Eselsbrücken könnten natürlich auch in den ChatGPT Vokabeltrainer integriert werden. Du musst ihm nur mitteilen, wann und wie ein Wort mit welcher Art von Eselsbrücke oder Geschichte verknüpft werden soll:

- Sofort?
- Nachdem es viermal nicht beantwortet wurde?
- Nur beim ersten Mal?
- Soll die Erklärung sich mit der Zeit ändern?
- Soll ChatGPT dich darum bitten?

Du entscheidest.

GRAMMATIKLERNEN MIT CHATGPT

Wenn du die oben beschriebene Methode nutzt, wirst du schnell den Großteil der französischen Wörter verstehen. Dein Gehirn wird sich durch Kontext und Mustererkennung automatisch auch grammatikalische Grundlagen aneignen. Je nachdem, wie gut deine Intuition entwickelt ist, könnte es sogar unnötig sein, die Grammatik explizit zu studieren. Probiere es einige Zeit aus. Wie die meisten wirst du vermutlich erstaunt sein, wie viel sich automatisch ergibt, sobald du die Mehrheit der Wörter kennst.

Sollte das jedoch nicht der Fall sein, kannst du natürlich ChatGPT nutzen und ihn beispielsweise darum bitten, dir die drei wichtigsten Grammatikregeln mithilfe eines Text-Abenteuers beizubringen.

Hier ein Beispiel dafür:

> Bringe mir die drei wichtigsten Grammatikregeln der französischen Sprache in einem interaktiven Textadventure-Minispiel bei. Ich möchte Regel für Regel lernen, und zwar basierend auf Regeln, die für mich als deutschen Muttersprachler leicht verständlich sind. Ich

möchte die Regeln vollständig verstehen und mich in sie vertiefen, indem ich ihren Kern begreife. Halte es einfach und präsentiere eine Regel nach der anderen. Fahre mit den Fragen fort, sobald ich eine Frage beantwortet habe. Das Sprachniveau sollte A1 sein.

Wir übergeben den Text an ein neues ChatGPT Chatfenster und erhalten folgende Antwort:

Du bist in der charmanten Stadt Paris gelandet, um dein Französisch zu verbessern. Nachdem du deine Koffer in einer kleinen, gemütlichen Wohnung abgestellt hast, beschließt du, das nahegelegene Café zu besuchen. Auf dem Weg dorthin triffst du eine freundliche Einheimische, die sich Jean nennt. Jean möchte dir helfen, Französisch zu lernen, und schlägt vor, mit einer grundlegenden Grammatikregel zu beginnen: Die Verwendung des bestimmten Artikels.

Regel 1: Der bestimmte Artikel

In Französisch gibt es drei Formen des bestimmten Artikels, die abhängig vom Geschlecht und der Anzahl des Substantivs sind:

- le (männlich, Singular)

- la (weiblich, Singular)

- les (Plural, für beide Geschlechter)

Die französische Sprache unterscheidet streng nach Geschlecht (maskulin oder feminin), was für deutschsprachige Lernende besonders wichtig ist, da das Geschlecht eines Substantivs oft anders ist als im Deutschen.

Jean möchte dir ein einfaches Quiz geben, um sicherzustellen, dass du diese Regel verstanden hast. Er zeigt auf einen Tisch und fragt: "Wie würdest du 'der Tisch' auf Französisch sagen? Ist es 'le table', 'la table' oder 'les tables'?"

Was antwortest du?

1. le table

2. la table

3. les tables

1

Oh, das war fast richtig, aber es gibt eine kleine Korrektur zu beachten: Der französische Begriff für "Tisch" ist "la table", nicht "le table", da "table" im Französischen feminin ist. In diesem Fall würdest du la table verwenden.

Nicht entmutigen lassen! Diese Unterschiede in den Geschlechtern können verwirrend sein, besonders wenn sie sich von den deutschen entsprechen. Jean lächelt aufmunternd und deutet nun auf eine Gruppe von Stühlen im Café.

"Und wie wäre es mit 'die Stühle'? Wie würdest du das übersetzen? Ist es 'le chaise', 'la chaise' oder 'les chaises'?"

Was antwortest du diesmal?

1. le chaise

2. la chaise

3. les chaises

Wenn du neugierig bist, wie es mit dem Abenteuer weitergeht, versuche dich selbst an einem ähnlichen Prompt. Lass dich nicht entmutigen, wenn die ersten Antworten nicht deinen Erwartungen entsprechen. Erinnere dich an das Beispiel aus Kapitel 6: „So schreibst du perfekte Prompts“. Manchmal sind mehrere Anläufe nötig, aber mit genug Übung wirst du ChatGPTs Denkweise besser verstehen und schneller den passenden Prompt formulieren können. Ein netter „Nebeneffekt“: Du verbesserst deine Fähigkeit, dich nuanciert auszudrücken und erhältst durch direktes Feedback einen Eindruck von der Wirkung deiner Worte.

FRANZÖSISCH SCHREIBEN MIT CHATGPT

Ich hoffe, du hast bereits einiges mit ChatGPT ausprobiert. Falls ja, sieh dir ältere Chats mit ChatGPT an und vergleiche sie mit neueren. Du wirst feststellen, dass du im Laufe der Zeit gelernt hast, dich klarer auszudrücken, obwohl es bisher nicht explizit das Ziel war, das Schreiben auf Französisch zu verbessern.

Das Tolle an ChatGPT ist: Du kannst es nur nutzen, indem du mit ihm schreibst. Jede Nachricht verbessert deine Fähigkeit, dich auszudrücken, und keiner dieser Schritte fühlt sich wie Arbeit an. Du profitierst somit vom gleichen Effekt wie Kleinkinder oder Partner unterschiedlicher Sprachen: Du baust durch Sprache eine Beziehung auf, die es dir ermöglicht, zu verstehen und verstanden zu werden. Diese Interaktion wird von deinem Gehirn als bedeutsamer wahrgenommen als jede schriftliche Übung oder Aufsatz

Das ist übrigens auch der Grund, warum jeder Französisch-Trainer dir raten wird, dich regelmäßig mit Muttersprachlern auszutauschen. Lernapps wie Tandem oder Bilingua vernetzen Sprachlerner unterschiedlichster Nationalitäten, die die Muttersprache des jeweils anderen beherrschen möchten. Ein großer Teil von Social Media konzentriert sich darauf, Menschen aus der ganzen Welt in Chaträumen zusammenzubringen. Du solltest unbedingt daran teilnehmen, Kontakte knüpfen und dich an solchen Unterhaltungen beteiligen. Wenn dir das jedoch nicht zusagt, beispielsweise weil du dich noch nicht traust, kannst du dich mit ChatGPT vorbereiten.

Es hängt von deinen Vorlieben ab, ob du später noch mit echten Menschen sprechen möchtest. Wenn es nur ums Chatten geht, gibt es kaum einen Unterschied, da du das auch mit ChatGPT simulieren kannst.

Betrachte das folgende Beispiel:

Übersetze das Folgende, aber in Französisch auf Niveau A1: „Für den Rest dieses Chats: Stelle dir vor, Du wärst Louis. Louis ist 40 und spricht Französisch. Er möchte Deutsch lernen und unterrichtet mich in Französisch. Wir sprechen über die Tandem-App. Louis ist interessant. Er hat viele Hobbys. Sprich weiter über seine Hobbys. Mach ihn zu einer echten Person, also nicht zu nett oder förmlich und keine zu langen Nachrichten. Gestalte es wie einen realistischen Chat. Immer nur eine Antwort auf einmal. Antworte nicht für mich. Sei einfach Louis.“

Pour le reste de cette conversation, imagine que tu es Louis. Louis a 40 ans et parle français. Il veut apprendre l'allemand et m'enseigne le français. Nous parlons via l'application Tandem. Louis est intéressant. Il a beaucoup de hobbies. Continue de parler de ses hobbies. Rends-le réel, donc pas trop gentil ou formel, et pas de messages trop longs. Fais-le comme un chat réaliste. Une réponse à la fois. Ne réponds pas pour moi. Sois simplement Louis.

Wie dir sicher aufgefallen ist, habe ich das Problem umgangen, das letztes Mal auftrat. Ich habe ChatGPT nicht nur um eine Übersetzung gebeten, sondern auch darum, ein niedrigeres Sprachniveau zu verwenden. So antwortet ChatGPT direkt auf dem gewünschten Niveau:

Ah, je vois ! Parlons un peu plus de mes hobbies alors. J'adore la photographie, surtout lors de mes randonnées. Ça me permet de capturer la beauté de la nature. Je suis aussi un grand fan de cuisine; j'aime expérimenter avec de nouvelles recettes. C'est relaxant et créatif. Et toi, as-tu des passions ou hobbies spécifiques ?

J' ecris livre et peinture images.

Tu écris un livre et tu fais de la peinture ? Super ! De quoi parle ton livre ? Qu'est-ce que tu aimes peindre ? Moi aussi, j'aime l'art, c'est relaxant.

Wenn du jedoch eine persönliche Note hinzufügen und Sprachnachrichten oder Anrufe austauschen möchtest, könnte es sinnvoll sein, zusätzlich Apps wie Tandem oder Bilingua zu nutzen. Mehr dazu im nächsten Abschnitt.

FRANZÖSISCH SPRECHEN OHNE CHATGPT

Was ist der effektivste Weg, Sprechen zu lernen? Richtig: sprechen, sprechen, sprechen! Das Problem hierbei ist für viele, dass es recht peinlich sein kann, mit einem deutlich hörbaren deutschen Akzent zu sprechen. Über ein Drittel der Deutschen schämt sich für seinen Akzent (Sperling, 2020[2]). Tatsächlich stört dieser Muttersprachler aber weniger, als man gemeinhin annehmen würde.

Eine fehlerhafte Aussprache ist kein wirkliches Problem, solange sie mit guter Sprachkenntnis einhergeht. Die richtige Aussprache ist die Kirsche auf der Sahnetorte und kommt mit der Zeit. Ein gesondertes Lernprogramm kann helfen, ist aber nicht nötig, wenn man seinen Gesprächspartnern und ihren Worten wirkliche Aufmerksamkeit schenkt.

Leider kann ChatGPT nur bedingt beim Sprechen helfen. Es kann einen über die größten Fallstricke informieren, die besten Kinderserien zur Übung empfehlen oder ohne Lautschrift zeigen, wie ein Text auszusprechen ist.

Bitte gib mir einen französischen Text mit allen Sprechbesonderheiten des Französischen und schreibe mir darunter, wie ich ihn als Deutscher lesen würde (also wie Lautschrift, aber mit normalen deutschen Buchstaben). Konstruiere den Text so, dass jemand, der ihn fehlerfrei aussprechen kann, größtenteils als sehr aussprachefähig wahrgenommen wird.

Um die spezifischen phonetischen Merkmale der französischen Aussprache hervorzuheben, konstruiere ich einen Text, der typische französische Laute und Sprechbesonderheiten beinhaltet, wie den stimmhaften Zischlaut (wie in "casa" oder "ciudad"), das gerollte "r", das "ñ" und die

---

[2] Sperling, K. (2020). https://de.babbel.com/de/magazine/wie-denken-wir-uber-unseren-akzent

Unterscheidung zwischen "b" und "v" (die im Französischen oft gleich klingen), sowie die spezifische Aussprache des "j" und des "ll".

Französischer Text:

"Bonjour, je m'appelle Étienne. J'habite à Paris et je travaille comme ingénieur. Aujourd'hui, il fait beau et je vais me promener au parc avec mon chien. J'aime bien lire et écouter de la musique classique."

Erklärungen und deutsche Lautschrift:

Bonjour - Gruß, der "Guten Tag" bedeutet.

-Deutsch: Bon-schur

- Das "j" in "Bonjour" wird weich wie das deutsche "sch" in "Schule" ausgesprochen. Das "r" ist ein französisches "r", das im Rachen gebildet wird, ähnlich einem leichten Räuspern.

je m'appelle Étienne - "ich heiße Étienne".

- Deutsch: sch'ma-pel Et-jenn

- "je" wird wie "sch" gesprochen. "Étienne" klingt wie "Et-jenn", wobei das "É" wie ein deutsches "e" in "Bett" ausgesprochen wird.

J'habite à Paris - "Ich wohne in Paris".

- Deutsch: Sch'abit a Pah-rie

- Das "h" ist stumm. "à" wird wie das deutsche "a" in "Vater" ausgesprochen.

[...]

Diese phonetischen Erklärungen sollen dir helfen, die Aussprache zu verstehen und zu üben.

Doch wie ChatGPT bereits betont hat, ist es wesentlich effizienter, mutig zu sein und direkt ins Gespräch einzusteigen. Dafür gibt es diverse Möglichkeiten:

Sprachcafés: Sie existieren in vielen Städten und bieten eine entspannte Umgebung, um Französisch zu üben. Das Hauptziel ist, sich in Französisch zu unterhalten.

Apps wie Tandem oder Bilingua: Diese ermöglichen es dir, dich bequem von zu Hause aus in Französisch mit Sprachlernenden aus aller Welt auszutauschen, sei es über Textnachrichten, Sprachnachrichten oder Anrufe.

Das aktive Üben des Sprechens ist entscheidend. Es ist nicht nur eine Frage des Wissens, sondern auch der Übung und des Selbstvertrauens. Wenn du die vorherigen Schritte in diesem Buch befolgt hast, bist du definitiv bereit für die Praxis. Vielleicht fühlst du dich in den ersten Stunden des Sprechens noch unsicher, aber mit jeder weiteren Übung wird dieses Gefühl nachlassen. Lassen wir ChatGPT das letzte Wort:

> *Wenn Sie bereits alles verstehen und eine hohe Immersion in die französischen Sprache haben, haben Sie bereits einen erheblichen Vorteil. Unter diesen Umständen geht es hauptsächlich darum, Ihren Mund und Ihr Gehör darauf zu trainieren, die Klänge des Französischen korrekt zu reproduzieren und zu erkennen.*
>
> *Die reine Aussprache zu verbessern, insbesondere auf ein mittelmäßiges Niveau, kann schneller erreicht werden als fließend zu werden. Wenn Sie konzentriert an Ihrer Aussprache arbeiten, indem Sie täglich üben, wiederholen und korrigieren:*
>
> ***1. Aktives Üben mit einem Tutor oder Sprachpartner:** Ein erfahrener Sprecher oder Lehrer kann Ihnen direktes Feedback zu Ihren Fehlern geben und Ihnen dabei helfen, die spezifischen Klänge und den Rhythmus des Französischen zu perfektionieren.*
>
> ***2. Schattenlesen (Shadowing):** Dabei hören Sie einen französischen Satz und versuchen dann, das Gehörte so genau wie möglich nachzusprechen. Diese Technik kann sehr effektiv sein, um den Rhythmus und die Intonation einer Sprache zu erfassen.*
>
> ***3. Aussprache-Apps:** Es gibt mehrere Apps, die speziell darauf abzielen, die Aussprache zu verbessern und Feedback über die Spracherkennungstechnologie zu geben.*

Wenn Sie sich intensiv darauf konzentrieren, könnte man erwarten, dass Sie nach etwa **50-100 Stunden** *gezielter Konversation und Übung eine mittelmäßige bis gute Aussprache erreichen. Dies ist jedoch nur eine grobe Schätzung. Einige Menschen könnten in weniger Zeit Fortschritte machen, während andere mehr Zeit benötigen könnten.*

Das Wichtigste ist, regelmäßig zu üben, Feedback zu suchen und dieses Feedback zu nutzen, um gezielt an Bereichen zu arbeiten, die Verbesserung benötigen. Es ist auch hilfreich, sich an echten Gesprächen und nicht nur an isolierten Ausspracheübungen zu beteiligen, da dies den natürlichen Fluss des Gesprächs fördert.

KAPITEL 8: DAS PERFEKTE SYSTEM – FRANZÖSISCH MEISTERN MIT CHATGPT

In diesem abschließenden Kapitel bündeln wir alle zuvor gewonnenen Erkenntnisse und Techniken, um ein System zu entwerfen, das auf schnelles und effizientes Französischlernen abzielt. Hierbei setzen wir ChatGPT ein, um den kompletten Lernprozess zu simulieren.

Das präsentierte System hat sich in der Praxis bereits bewährt und liefert zuverlässige, schnelle Lernerfolge. Aber obwohl es sich bewährt hat, bedeutet das nicht, dass es für jeden gleichermaßen ideal ist.

Jeder Lernende hat individuelle Voraussetzungen und Zielsetzungen. Einige starten ohne Vorkenntnisse und träumen davon, eines Tages mit ihren französischsprachigen Enkeln über Kindergarten-Erlebnisse zu plaudern. Andere wiederum haben das Ziel, in nur wenigen Monaten von Sprachniveau B2 auf C1 zu springen.

Deshalb sollte das hier Beschriebene als eine Inspirationsquelle dienen, aus der du deinen eigenen Lernweg entwickelst. Doch eines ist sicher: Indem du dem vorgestellten Prozess folgst, ihn auf deine Bedürfnisse abstimmst und konsequent praktizierst, wirst du beeindruckende Fortschritte in der französischen Sprache erzielen.

Wir werden gemeinsam verschiedene Ansätze betrachten und den Lernprozess in drei klare Phasen unterteilen:

Phase 1 - Fundament legen: Erlernen der essentiellen 1 %, die für 50 % des französischen Wortschatzes stehen.

Phase 2 - Alltagsroutine schaffen: Mit dem erlernten Wortschatz täglich Französisch praktizieren und dabei Grammatik und Konversation einfließen lassen.

Phase 3 - Dein Ziel erreichen: Dein persönliches Französisch-Niveau festigen, die neu erworbenen Fähigkeiten anwenden und die Aussprache verfeinern.

PHASE 1: FUNDAMENT LEGEN (0-50%)

Erlerne die 100 wichtigsten Worte, mit denen du 50 % des alltäglichen Französisch verstehen kannst. Folge dafür den folgenden Schritten:

1. Erstelle eine Kombination aus Chat-GPT-Charakteren, die individuell auf dich zugeschnitten sind. Orientiere dich dabei an den Charakteren aus Kapitel 6 und statte sie mit den Lernprinzipien aus Kapitel 4 aus.
2. Fordere ChatGPT auf, die 100 wichtigsten Worte nach ihrer Relevanz und Ähnlichkeit zum Deutschen zu ordnen.
3. Verwandle die Wörterliste in Vokabeln und integriere sie in ein Programm wie Anki, das Spaced Repetition automatisiert. Übe diese Vokabeln täglich für mindestens 15-30 Minuten.
4. Beteilige verschiedene Chat-GPT-Charaktere am Schaffungsprozess eines interaktiven Lernraums, in dem du Vokabeln und Grammatikregeln übst.
5. Verknüpfe die Charaktere sinnvoll, wie es am Ende von Kapitel 6 gezeigt wurde.

Ein kurzer Gedankenanstoß: Da ich ChatGPT mittlerweile für nahezu alle meine Aufgaben nutze, bat ich ihn, einen Code für mich zu erstellen, welcher Karteikarten automatisch in mein Anki-Programm lädt. Somit muss ich die Karten nicht manuell einfügen, sondern lediglich alle paar Tage das von ChatGPT erstellte Programm ausführen. Selbst wenn du nicht programmieren kannst, könntest du mithilfe von ChatGPT die nötigen Grundlagen für die

Erstellung eines ähnlichen Programms leicht innerhalb weniger Stunden erlernen. Auch hier geht es wie so oft um die Denkweise: Welche Tätigkeiten gehören zum Lernen und wie kannst du sie durch ChatGPT automatisieren?

PHASE 2: ALLTAGSROUTINE SCHAFFEN (50-75%)

Nichts ist für das Lernen wichtiger, als der Aufbau von Gewohnheiten. Die wichtigste Gewohnheit dabei ist, weiterhin jeden Tag mindestens 15-30 Minuten französische Vokabeln zu üben, um die am meisten benutzten 75% zu erlernen. Tue das gerne zwischendurch, z. B. während du auf die Bahn wartest, im Fahrstuhl stehst, im Bad bist oder auf der Arbeit. Aber tue es konsequent. Täglich ein paar Minuten sind effektiver als einmal pro Woche mehrere Stunden am Stück. Es geht nicht um Motivation oder darum, ob du ein disziplinierter Mensch bist. Es geht darum, Regelmäßigkeit zu etablieren und Routinen zu entwickeln. Ein Beispiel für solch eine Routine könnte sein: „Immer wenn ich auf die Bahn warte, öffne ich Anki auf meinem Smartphone und lerne Vokabeln." Oder: „Nach dem Zähneputzen öffne ich die ChatGPT-App und chatte für 10 Minuten mit dem Quizmaster." ChatGPT nutzt du während dieser Phase weiterhin als Werkzeug, um Vokabeln auszuwählen, zu verwalten, tiefer zu verstehen und anzuwenden.

IMMERSION - LEBEN AUF FRANZÖSISCH

Mit dem Verständnis der Hälfte der Alltagssprache erhältst du Zugang zu zahlreichen französischsprachigen Medien, durch die du dir den Rest Schritt für Schritt aus dem Kontext erschließen kannst. Mache ganz normale Dinge, aber mache sie auf Französisch. Auf diese Weise lernst du die Sprache beinahe nebenbei, auch wenn dies bedeutet, dass der Alltag zunächst ein wenig herausfordernder wird. Besonders wichtig ist, dass du durch Medienkonsum auch das Hörverstehen schulst. Filme sind hier besonders hilfreich, da du bereits zwischen 50 und 75% der Wörter verstehst und den Rest aus dem bildlichen Kontext ableiten kannst.

Mache Französisch zum Teil deines Alltags, indem du:

- dein Handy auf Französisch umstellst,
- Serien auf Französisch anschaust,
- Podcasts auf Französisch hörst,
- Hörbücher auf Französisch anhörst,
- auf Französisch im Internet suchst,
- Bücher auf Französisch liest,
- ChatGPT auf Französisch nutzt, um tägliche Aufgaben zu erleichtern,
- und so weiter.

Das Ziel sollte sein, so viel wie möglich auf Französisch zu tun und die Sprache allgegenwärtig zu machen. Zu Beginn mag das anstrengend sein, doch diese Anstrengung fordert das Gehirn heraus. Die Verwendung einer noch nicht vollständig beherrschten Sprache kann zwar ermüdend sein, signalisiert dem Gehirn jedoch, dass es notwendig ist, die Sprache zu lernen, um im Alltag zurechtzukommen.

Wenn du Filme auf Französisch schaust, hast du die Möglichkeit, sie zu pausieren und nebenbei mit ChatGPT darüber zu schreiben. Fragen zu stellen, zu Aspekten, die du nicht verstehst, ist dabei besonders hilfreich. Dank Untertiteln und der Möglichkeit, eine Szene beliebig oft zu wiederholen, ist das Lernen so einfacher denn je. Falls ein Film zu herausfordernd wird, kannst du den ChatGPT-Filmfreund bitten, leichtere Werke zu empfehlen oder dir die wichtigsten Vokabeln eines Films oder einer Serie vorab zu nennen.

Hier ein Beispiel für eine entsprechende Anfrage:

> Hallo ChatGPT, ich spreche Deutsch, möchte aber Französisch lernen, indem ich Serien anschaue. Bevor ich die Serie ansehe, möchte ich mich darauf vorbereiten, indem ich die wichtigsten Wörter, Themen und Ausdrücke im Zusammenhang mit der Serie lerne. Kannst

du mir die 50 wichtigsten französischen Wörter nennen, die ich für die Serie „Lupin" verstehen muss, zusammen mit deren deutschen Übersetzungen?

Das Ergebnis sieht dann wie folgt aus:

„Lupin" (auf Deutsch „Lupin") ist eine französische Serie, die sich um die Abenteuer von Assane Diop dreht, der sich von den Geschichten des Meisterdiebes Arsène Lupin inspirieren lässt. Die Serie verwendet eine Mischung aus kriminellen Fachbegriffen, Beziehungs- und Charakterdynamiken sowie spezifische Ausdrücke, die mit List und Täuschung zusammenhängen. Hier sind 50 französische Wörter und Ausdrücke, die dir helfen könnten, die Serie besser zu verstehen, zusammen mit ihren deutschen Übersetzungen:

Le voleur - Der Dieb

Le cambriolage - Der Einbruch

Le bijou - Das Juwel

La ruse - Die List

La police - Die Polizei

La vengeance - Die Rache

L'énigme - Das Rätsel

Le déguisement - Die Verkleidung

L'astuce - Der Trick

Manipuler - Manipulieren

Échapper - Entkommen

Le secret - Das Geheimnis

Découvrir - Entdecken

La justice - Die Gerechtigkeit

Le piège - Die Falle

[...]

Diese Liste umfasst Grundbegriffe, die in der Serie häufig verwendet werden und dir helfen können, den Kontext und die Handlungen besser zu verstehen. Da „Lupin" komplexe Charaktere und eine tiefgründige Handlung hat, ist es auch hilfreich, auf die Entwicklung der Beziehungen zwischen den Charakteren zu achten und wie diese Begriffe im Kontext der Serie verwendet werden.

Du kannst dir vorstellen, dass es leicht ist, auf ähnliche Art und Weise nach den wichtigsten Wörtern zur Smartphone- oder Computerbedienung für ein bestimmtes Betriebssystem zu fragen oder französische Bücher zu lesen.

Je weiter deine Lernreise voranschreitet und je mehr Wörter du kennst, desto öfter werden dir die grammatikalischen Regeln auffallen, die die Wörter in einen sinnstiftenden Zusammenhang setzen. Wenn du Filme und andere Medienerzeugnisse aufmerksam verfolgst, wirst du einen Großteil dieser Regeln ohne aktives Lernen verinnerlichen. Sollte das nicht ausreichen, kann es hilfreich sein, zusätzlich ChatGPT hinzuzuziehen. Es kann in den Konversationen, die du mit ihm führst, regelmäßig aufzeigen, welche Regeln du verletzt hast und dir innerhalb der Konversation zeigen, wie es besser geht. Du benötigst also keine separaten Grammatikübungen, sondern kannst sie nebenbei integrieren und anwenden.

Zusammengefasst geht es in Phase 2 darum:

- Mit ChatGPT die wichtigsten 1000+ Wörter vorzubereiten, um ein Wortverständnis von 75 % zu erreichen.
- Ein Spaced Repetition Vokabelprogramm (z.B. Anki) zur Hilfe nehmen, um sie täglich mindestens 15-30 Minuten zu lernen.
- So viel wie möglich auf Französisch konsumieren und regelmäßige Alltagskonversationen mit ChatGPT führen.

- Interaktive Lerneinheiten mithilfe verschiedener Charaktere simulieren und eine Verbindung zwischen dir, ChatGPT, dem Vokabelprogramm und externen Medien schaffen.

PHASE 3: DEIN ZIEL ERREICHEN (75-100%)

Du hast dieses Buch mit einem bestimmten Ziel aufgeschlagen. Vielleicht möchtest du für eine längere Reise ins Ausland gut vorbereitet sein, französischsprachige Meetings leiten oder Fachpublikationen lesen. In der dritten Phase geht es darum, dein spezifisches Ziel direkt anzugehen.

Hier sind einige Schritte, die dir dabei helfen:

1. Überlege dir, in welchen Situationen du auf Französisch meistern möchtest.
2. Stelle dir diese Situationen so genau wie möglich vor und erstelle mit Hilfe von ChatGPT einen Lehrplan.
3. Beteilige verschiedene ChatGPT-Charaktere an diesem Lehrplan und lasse dir basierend auf deinen Lerneinheiten Karteikarten erstellen, die du dann mit Programmen wie Anki üben kannst.
4. Halte die Immersion in der französischen Sprache hoch: Sieh alles auf Französisch, hör alles auf Französisch und lies alles auf Französisch. Nutze alle Geräte und Apps auf Französisch – einschließlich ChatGPT. Ein Tipp: Wenn du die ChatGPT-App nutzt, kannst du Nachrichten an ChatGPT auf Französisch einsprechen und so wertvolle Erfahrungen in der Aussprache sammeln.
5. In der letzten Phase wird es immer wichtiger, Französisch nicht nur zu beherrschen, sondern zu meistern. Baue regelmäßige Grammatik-Checks in deine Konversationen mit ChatGPT ein und nutze deine Neugier, um zu verstehen, warum bestimmte Regeln existieren und wie sie funktionieren.
6. Verbinde alle vorangegangenen Schritte in einem System, das für dich Sinn ergibt.

Wir werden dieses Kapitel mit einer konkreten Fallstudie für ein solches System abschließen. Du könntest das folgende Beispiel 1:1 übernehmen und würdest Fortschritte erzielen, aber ich rate dir davon ab. Es geht um dich und dein individuelles Lernziel. Nutze das Wissen aus den vorherigen Kapiteln und arbeite an deinem eigenen Plan. Es geht nicht um Perfektion, sondern darum, stetig besser zu werden und dabei Spaß zu haben. Dieses Buch richtet sich an alle Französischlerner. Sollte das Sprachniveau des Beispiels für dich zu hoch sein, lass dich davon nicht entmutigen. Konzentriere dich stattdessen darauf, die Vorgehensweise zu verstehen und sie auf dein Ziel anzuwenden. So erhältst du Übungen, die exakt deinem Sprachniveau entsprechen.

FALLBEISPIEL: MAßGESCHNEIDERTES FRANZÖISCH FÜR DIE URLAUBSREISE

In unserem Beispiel sind wir Urlauber und wollen für eine Reise nach Paris und Nizza gewappnet sein. Wir starten mit minimalen Sprachkenntnissen, unser Ziel ist jedoch während des gesamten Urlaubs ausschließlich auf Französisch zu kommunizieren.

Hinweis: Dass hier nur ein spezifisches Beispiel präsentiert wird, ist mit Absicht so gestaltet. Das Ziel ist, den Prozess zu verdeutlichen, nicht jeden möglichen Fall abzudecken. Die Idee dahinter ist Einfachheit und Anpassungsfähigkeit. Anstatt das Buch mit dutzend verschiedenen Beispielen für jedes Sprachniveau zu füllen, bietet dieses eine Beispiel einen klaren Rahmen, den jeder, unabhängig vom Sprachniveau, auf seine Situation anwenden kann. Es geht darum, das Konzept zu verstehen und es dann individuell anzupassen. So bleibt das Buch übersichtlich und zugleich wertvoll für alle Leser. Daher, auch wenn das Beispiel nicht direkt deinem Niveau entspricht, ist es dennoch für dich relevant und anwendbar.

Wenn du mit ChatGPT erfolgreich werden willst, erfordert das immer, über vorgeschriebene Prompts hinauszugehen und dich selbst einzubringen.

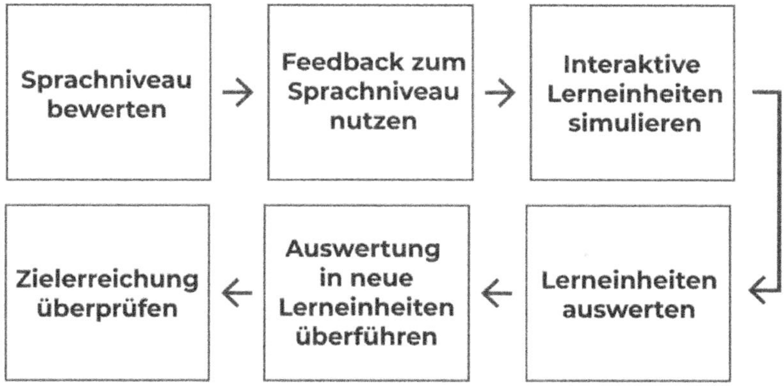

Abbildung 9: Schritte bis zum Lernziel

SCHRITT 1: SPRACHNIVEAU BEWERTEN

Erstelle einen GPT-Sprachlevel-Bewerter, der das aktuelle Sprachniveau anhand einer ausführlichen Konversation bestimmt. Hierzu werden die Prüfkriterien des DELF-Tests als Teil des Prompts verwendet. Der DELF-Test ist ein international anerkannter Test zur Bestimmung des Sprachniveaus und wird häufig als Maßstab verwendet. ChatGPT kann durch diese Prüfkriterien genau bestimmen, welche Schritte für das gewünschte Sprachniveau notwendig sind.

Teste systematisch meine Französischkenntnisse basierend auf den DELF-Testkriterien: '[HIER HABE ICH EINFACH DIE OFFIZIELLEN PRÜFKRITERIEN DER DELF WEBSEITE KOPIERT UND EINGEFÜGT]'. Nach meiner Antwort ordne meine Fähigkeiten einem Wert zwischen A1 und B2 zu und bewerte meine Leistung. Gib mir dann spezifische Lernziele für das nächstgelegene Sprachniveau. Beginne in der nächsten Nachricht direkt mit dem Test.

Beeindruckenderweise erstellt ChatGPT für mich tatsächlich eine ganz eigene Textaufgabe, wie sie mich auch bei einem offiziellen DELF-Test erwarten könnte:

Épreuve 1: Compréhension de Lecture

Voici un court courriel que tu dois lire, puis répondre à cinq questions associées. Chaque question a trois options de réponse. Choisis la bonne réponse pour chaque question.

Courriel :

Cher Pierre,

J'espère que ce message te trouve bien. Je t'écris pour t'informer de notre réunion annuelle des anciens élèves qui aura lieu le samedi 17 juin à 17h00 au restaurant "Le Bon Repas" situé au centre-ville. Ce sera une excellente occasion de nous retrouver, de partager des expériences et de profiter d'une agréable soirée ensemble. Merci de confirmer ta présence avant le jeudi 15 juin afin que nous puissions faire les réservations nécessaires.

Cordialement,

Marie

Questions :

1. Qui écrit l'email ?

- A. Un professeur

- B. Un ancien élève

- C. Marie

2. Quel est le but de l'email ?

- A. Confirmer la présence à un cours

- B. Inviter à une réunion d'anciens élèves

- C. Annoncer un changement d'horaire

3. Où aura lieu la réunion ?

- A. Dans une école

- B. Dans un restaurant

- C. Dans un parc

4. Quelle est la date limite pour confirmer la présence ?

- A. Samedi 17 juin

-B. Jeudi 15 juin

- C. Non spécifiée

5. Qu'espère-t-on accomplir avec la réunion ?

- A. Faire une réservation

- B. Se retrouver et partager des expériences

- C. Élire un nouveau représentant des élèves

Merci de répondre à ces questions en te basant sur le texte fourni. Ensuite, j'évaluerai tes réponses selon les critères du DELF et je te donnerai une évaluation de tes compétences de compréhension en lecture, avec des recommandations spécifiques pour atteindre le niveau A2.

1. C

2. A

3. B

4. C

5. B

Sehen wir uns mal an, was ChatGPT von unserer Testleistung hält:

Tes réponses aux questions de l'ÉPREUVE

1. COMPRÉHENSION DE LECTURE sont les suivantes :

*- **C**. Marie*

*- **A.** Confirmer la présence à un cours*

*- **B.** Dans un restaurant*

*- **C.** Non spécifiée*

*- **B.** Se retrouver et partager des experiences*

En révisant tes réponses :

*- **Correcte** - Marie est bien celle qui écrit le courriel.*

*- **Incorrecte** - La bonne réponse était B. Inviter à une réunion d'anciens élèves. La question demandait le but du courriel, qui était d'inviter à la réunion, pas de confirmer la présence à un cours.*

*- **Correcte -** La réunion se tiendra dans un restaurant.*

*- **Incorrecte** - La date limite pour confirmer la présence est le jeudi 15 juin, donc la réponse correcte était B. Jeudi 15 juin, pas C.*

*- **Correcte** - L'objectif de la réunion est de se retrouver et partager des expériences.*

Selon tes réponses, il semble que tu aies une bonne compréhension de textes simples en français, ce qui indique une compétence de niveau A2.

Ich beschränke mich hier auf die französische Version, weil sie ausreicht, um zu demonstrieren, wie gut ChatGPT seine Aufgabe erfüllt. Falls du zu den Lesern gehörst, die noch nicht genug Französisch beherrschen, um den Text vollständig zu verstehen, ist das kein Problem. Denn sobald du mit ähnlich komplexen Texten von ChatGPT konfrontiert würdest, könntest du dasselbe Feedback in einfacherer Sprache oder komplett auf Deutsch erbitten.

ÉPREUVE 2: EXPRESSION ET INTERACTION ÉCRITES

Pour cette épreuve, tu auras deux tâches d'écriture basées sur les spécifications du DELF. Merci de compléter chaque tâche selon les instructions fournies. Nous évaluerons ta capacité à fournir des informations personnelles de base par écrit et à échanger des messages écrits simples.

Tâche 1: Remplir un formulaire

On te demande de remplir un formulaire avec des informations personnelles de base. Merci de fournir des réponses brèves dans les espaces prévus ci-dessous. Rappelle-toi, ta réponse doit compter entre 15 et 25 mots au total.

Formulaire d'Inscription à la Bibliothèque Municipale :

- Nom complet :

- Âge :

- Adresse e-mail :

- Numéro de téléphone :

- Raison de l'inscription à la bibliothèque :

Tâche 2: Rédiger un texte épistolaire

Tu dois rédiger un bref e-mail, message ou lettre. Choisis l'un des contextes suivants et écris un message de 30 à 40 mots.

- a) *Écris un e-mail à un ami pour l'informer sur une exposition d'art que tu aimerais visiter ensemble ce week-end.*

- b) *Rédige une carte postale à un membre de ta famille qui vit dans un autre pays pour lui parler de ce qui se passe dans ta vie récemment.*

- c) *Envoie un message à un camarade de classe demandant de l'aide pour un devoir de mathématiques que tu n'as pas compris.*

Concentre-toi sur fournir des informations personnelles simples, échanger des messages de courtoisie, et te relier à des besoins immédiats.

Après avoir complété les deux tâches, j'évaluerai tes réponses basées sur les critères du DELF pour te fournir une évaluation de tes compétences d'expression et d'interaction écrites, ainsi que des recommandations spécifiques pour atteindre le niveau B1.

Tâche 1 : Remplir un formulaire

Formulaire d'Inscription à la Bibliothèque Municipale:

1. Nom complet : Je suis Jean Dupont

2. Âge : J'ai 20 ans

3. Adresse e-mail : jeandupont@mail.com

4. Numéro de téléphone : +33123456789

5. Raison pour s'inscrire à la bibliothèque : J'aime lire des livres.

Tâche 2 : Rédiger un texte épistolaire

Chère tante Marie,

J'espère que tu vas bien. Moi, ça va aussi. Très occupé avec l'école et le travail. J'ai adopté un nouveau chat. Il est mignon et espiègle. Tu me manques beaucoup, j'espère te voir bientôt.

Amitiés, Jean

Sehen wir uns die Auswertung von ChatGPT an:

Tâche 1: Remplir un formulaire

*- **Nom** complet: "Je suis Jean Dupont" – Diese Antwort ist grundsätzlich korrekt, aber im Französischen würde man eher "Mon nom est Jean Dupont" sagen. "Je suis" ist umgangssprachlich und eher für die Vorstellung in einem gesprochenen Kontext geeignet.*

*- **Âge:** "J'ai 20 ans" – Perfekt! Dies ist die korrekte und natürliche Art, das Alter auf Französisch zu nennen.*

*- **Adresse e-mail:** "jeandupont@mail.com" – Korrekt. Keine Änderungen notwendig.*

*- **Numéro de téléphone:** "+33123456789" – Korrekt. Eine klare und präzise Antwort.*

*- **Raison pour s'inscrire à la bibliothèque:** "J'aime lire des livres." – Diese Antwort ist verständlich, könnte aber präziser sein. Beispielsweise könnte man erwähnen, welche Art von Büchern man vorzieht, um die Antwort informativer zu gestalten, z.B. "Je m'inscris à la bibliothèque pour découvrir plus de livres sur l'histoire et la science-fiction."*

Tâche 2: Rédiger un texte épistolaire

*- **Anrede**: "Chère tante Marie," – Gut gewählt, zeigt Respekt und Nähe in der familiären Beziehung.*

*- **Kontext und Inhalt:** "J'espère que tu vas bien. Moi, ça va aussi. Très occupé avec l'école et le travail. J'ai adopté un nouveau chat. Il est mignon et espiègle. Tu me manques beaucoup, j'espère te voir bientôt." – Die Nachricht ist freundlich und persönlich, jedoch gibt es einige Verbesserungsmöglichkeiten:*

*- **Struktur und Klarheit:** Die Nachricht wirkt etwas abgehackt. Versuche, die Sätze durch Verbindungswörter zu verknüpfen, um einen fließenderen Text zu schaffen, z.B. "J'espère que tu vas bien; quant à moi, je vais bien aussi malgré être très occupé avec l'école et le travail."*

*- **Grammatik und Stil:** Die Verwendung von "occupé" sollte an das Subjekt angepasst werden – wenn das Subjekt weiblich ist, sollte es "occupée" sein. Außerdem wäre "malgré le fait que je sois très occupé" eine elegantere Konstruktion.*

*- **Abschluss und Gruß:** "Amitiés, Jean" – Dies ist eine angemessene und herzliche Verabschiedung. Keine Änderung nötig.*

Allgemeine Tipps für das Erreichen von A2:

- Grammatik verstärken: Fokussiere dich auf die korrekte Anwendung von Artikeln, Präpositionen und Verbkonjugationen in der Gegenwart und der nahen Vergangenheit (passé composé).

[...]

Du könntest auch weitere Aufgaben von ChatGPT anfordern und noch ausführlicheres Feedback erhalten. Denke immer daran: Das, was ich dir hier zeige, ist nur ein stark verkürztes Beispiel, um nicht hunderte von Seiten mit Chat-Verläufen zu füllen. In der realen Interaktion mit ChatGPT kannst du deine Lernerfahrung beliebig erweitern.

SCHRITT 2: FEEDBACK ZUM SPRACHNIVEAU NUTZEN

Nun, da ChatGPT uns mit unseren Schwächen konfrontiert und Lernpotenziale aufgezeigt hat, können wir dieses Feedback nutzen. Wir wissen genau, was uns von unserem Ziel – in diesem Beispiel "Sprachniveau A2" – trennt. Wir haben jedoch noch ein kleines Nebenziel: Wir möchten uns komplett auf Französisch zurechtfinden und dazu in der Lage sein:

- in Hotels einzuchecken

- in Bars Apéritifs und Amuse-bouches zu bestellen

- die wichtigsten Inhalte von Bildtexten in Museen zu verstehen

- Ticketautomaten zu bedienen

- Smalltalk in Sprachcafés zu führen

Daher bitten wir ChatGPT, den gesamten Lernprozess in diesem Kontext zu gestalten:

Ich bin Urlauber und will für eine Reise nach Paris und Nizza gewappnet sein. Mein Ziel ist es, während des gesamten Urlaubs ausschließlich auf Französisch zu kommunizieren. Ich möchte dazu in der Lage sein in Hotels einzuchecken; in Bars Apéritifs und Amuse-bouches zu bestellen; die wichtigsten Inhalte von Bildtexten in Museen zu verstehen; Ticketautomaten zu bedienen und Smalltalk in Sprachcafés zu führen.

Dafür muss innerhalb von 7 Wochen das A2-Niveau erreichen, einschließlich des wichtigsten Sprachfähigkeiten für die von mir geschilderten Situationen. Bitte erstelle mir einen detaillierten Lernplan für interaktive ChatGPT-Lektionen über 7 Wochen mit jeweils 2 Stunden Lernzeit pro Tag. Gehe dabei nicht auf die Art der Lektionen ein, sondern konzentriere dich nur auf höchste Effizienz. Wende dabei das Pareto-Prinzip an, um die 20% des Lernmaterials zu identifizieren, die 80% des Ergebnisses ausmachen. Grundlage für deine Schätzungen sollten meine Sprachtestergebnisse und die meistgeäußerten Sätze in den von mir geschilderten Situationen sein.

ChatGPT erstellt für uns daraufhin den folgenden Lehrplan:

Wochen 1-2: Grundlagen des Reisens und der Kommunikation (A1/A2)

Schwerpunkt: Einfache Dialoge und grundlegende Vokabeln

Wochen 1-2:

Tag 1-2: Begrüßungen, Vorstellung und höfliche Ausdrücke.

Tag 3-4: Zahlen, Geld und Preise.

Tag 5-6: Hotelbuchungen und Anfragen.

Tag 7: Wiederholung und Vertiefung.

Wochen 3-4: Alltägliche Situationen (A2)

Schwerpunkt: Bestellungen, Wegbeschreibungen und einfache Unterhaltungen

Wochen 3-4:

Tag 1-2: Bestellungen in Bars und Restaurants.

Tag 3-4: Einkaufen und Supermärkte.

Tag 5-6: Wegbeschreibungen und Transportmittel.

Tag 7: Wiederholung und Vertiefung.

Wochen 5-6: Kulturelle Interaktionen (A2)

Schwerpunkt: Museumsbesuche, Sehenswürdigkeiten und Smalltalk

Wochen 5-6:

Tag 1-2: Verständnis von Bildtexten und grundlegende Kunstdiskussionen.

Tag 3-4: Ticketkauf und Automatenbedienung.

Tag 5-6: Smalltalk und Gespräche in Sprachcafés.

Tag 7: Wiederholung und Vertiefung.

Woche 7: Praxis und Vorbereitung (A2)

Schwerpunkt: Simulation von realen Reisesituationen

Woche 7:

Tag 1-4: Simulierte Reise-Interaktionen mit Schwerpunkt auf Hotel-Check-ins, Bestellungen, Wegbeschreibungen und kulturellen Interaktionen.

Tag 5-6: Intensive Wiederholung und Anpassung basierend auf Schwächen.

Tag 7: Abschlussprüfungssimulation und Feedback.

Anmerkungen:

- Jede Lerneinheit sollte sich auf aktive Kommunikation und Praxis konzentrieren, anstatt nur passiv Vokabeln oder Grammatikregeln zu lernen.

- Nutze ChatGPT-Interaktionen, um realitätsnahe Situationen zu simulieren und schnelles Feedback zu erhalten.

- Fokussiere auf die 20% des Lernmaterials, das dir in den meisten Situationen nützlich sein wird, und übe diese intensiv.

- Achte darauf, regelmäßig zu wiederholen, um das Gelernte im Gedächtnis zu behalten und sicherzustellen, dass du kontinuierlich Fortschritte machst.

- Ergänze die ChatGPT-Lektionen mit externen Ressourcen wie Apps, Büchern oder Online-Kursen, um deine Lernerfahrung zu bereichern und verschiedene Lernmethoden zu nutzen.

Natürlich ist der vorgelegte Lehrplan noch nicht perfekt. Wir können ihn aber beliebig anpassen. Beispielsweise indem wir ChatGPT mit den Ergebnissen unseres Sprachlevel-Tests versorgen. Zudem können wir betonen, dass es uns wichtig ist, uns auf das essentiellste zu fokussieren. Denn auch innerhalb dieser Empfehlungen greift das Pareto-Prinzip, und wir können durch 20 % der spezifischen Fälle 80 % des Gesamtlerninhalts abdecken.

Das können wir ChatGPT übrigens auch direkt so mitteilen:

> Stelle spezifische Lernziele in Bezug auf den von dir geschilderten Plan auf, basierend auf den Ergebnissen meines Sprachlevel-Tests: [HIER HABE ICH DIE AUSWERTUNG AUS DEM LETZTEN BEISPIEL EINGEFÜGT.]
>
> Sei so spezifisch und konkret wie möglich. Folge dabei dem Pareto-Prinzip und fokussiere dich auf die 20% der Übungen, die 80% des Sprungs auf das Niveau A2 erzielen.

Es folgt die Antwort:

Basierend auf den Bewertungen und Empfehlungen aus deiner Sprachtestauswertung sowie unter Berücksichtigung des Pareto-Prinzips, das sich auf die Konzentration auf die 20% der Übungen bezieht, die den größten Fortschritt bewirken, habe ich spezifische Lernziele für dich entwickelt, um das A2-Niveau im Französischen zu erreichen:

Verbesserung der grammatikalischen Genauigkeit:

- Setze dich intensiv mit den grundlegenden grammatikalischen Strukturen des Französischen auseinander, insbesondere mit der Verwendung von Verbkonjugationen, Pronomen, Adjektiven und Satzstrukturen.

- Bearbeite Übungen, die sich auf die 20% der wichtigsten grammatikalischen Konzepte konzentrieren, die den größten Einfluss auf deine Schreibfähigkeiten haben, wie die Verwendung von "être" und "avoir", die Bildung von Perfekt und Imperfekt sowie die korrekte Anwendung von Objektpronomen.

Verbesserung der Orthographie:

- Nutze gezielt Übungen zur Rechtschreibung und setze dich mit den häufigsten Rechtschreibregeln des Französischen auseinander, wie der Akzentuierung und der Verwendung von "é/è", "c/ç" und "s/ss".

- Fokussiere dich besonders auf die 20% der häufigsten Rechtschreibfehler, die am meisten Einfluss auf deine Schreibfähigkeiten haben, wie die Verwendung von Akzenten und die Unterscheidung zwischen ähnlich klingenden Vokalen.

[...]

Indem du dich auf diese spezifischen Lernziele konzentrierst und das Pareto-Prinzip anwendest, wirst du effektiv auf dein Ziel vorbereitet sein, das A2-Niveau innerhalb von 7 Wochen zu erreichen und während deiner Reise nach Paris und Nizza erfolgreich auf Französisch zu kommunizieren.

Wir könnten ChatGPT auch mit einem echten Lehrplan eines Französisch-Kurses versorgen oder ihm Museumstexte des Louvre zur Verfügung stellen. Dazu müssen wir den Text der entsprechenden Dokumente einfach in den Chat kopieren. Basierend darauf können wir den Lehrplan weiter optimieren lassen.

Wir könnten auch einen eigenen ChatGPT-Charakter erstellen, den wir "den Lernplaner" nennen und der für uns den Lernplan verwaltet und aktualisiert. Zum Beispiel basierend auf den genauen Erfolgen und Verbesserungen, die wir in den vorangegangenen Lernsitzungen erzielt haben. Natürlich können wir auch bereits existierende Charaktere aus früheren Lernphasen wieder integrieren.

Das würde jedoch zu kompliziert und umfangreich werden, um es hier weiter auszuführen. Doch keine Sorge, was in diesem Buch vielleicht zunächst überfordernd wirkt, wirst du hervorragend meistern, sobald du tatsächlich mit ChatGPT arbeitest. Es ist effektiver, es auszuprobieren, als in jede theoretische Kleinigkeit tiefer einzusteigen. Wenn du selbst mit ChatGPT interagierst und die Ansätze aus diesem Buch nutzt, wirst du ganz von selbst auf Prompts und Ideen stoßen, die perfekt zu dir und deinem Lernprozess passen.

Probieren wir also lieber erstmal unseren „einfachen" Lernplan aus.

SCHRITT 3: INTERAKTIVE LERNEINHEITEN SIMULIEREN

Wir starten direkt in unsere erste Lernsession mit dem folgenden Prompt:

Simuliere eine einstündige interaktive Lerneinheit zum folgenden Lehrplan, die Tag 1 des Lehrplans darstellt.

[HIER FÜGEN WIR DEN LEHRPLAN AUS DEN LETZTEN BEISPIELEN EIN]

Ich möchte, dass die Lerneinheit wie ein Horror-Mys-terie-Abenteuer gespielt wird, aber mit einer Handlung und Charakteren, die von der Serie Lupin inspiriert sind. Als Thema sollen trotzdem meine

Lernziele rund um den Urlaub in Paris und Nizza gelten. Die Lerneinheit soll alle Lerninhalte einbeziehen und ansprechender gestalten. Außerdem sollte die Lerneinheit folgende didaktische Prinzipien einhalten, ohne sie explizit zu erwähnen:

1. Aktive Beschäftigung:

Aktives Erinnern: "Erinnern Sie sich aktiv an den Lerninhalt, ohne die Materialien direkt vor sich zu haben."

Overlearning: "Verknüpfen Sie neue Informationen mit vorhandenem Wissen und stellen Sie tiefer gehende Fragen."

Generierungseffekt: "Versuchen Sie, selbst Antworten oder Lösungen zu finden, anstatt sie präsentiert zu bekommen."

Erklärungseffekt: "Erklären Sie, was Sie gelernt haben, in Ihren eigenen Worten."

Testeffekt: "Testen Sie sich regelmäßig, um Ihr Wissen zu überprüfen."

2. Regelmäßige Überprüfung und Wiederholung:

Spaced Repetition: "Wiederholen Sie Lerninhalte in optimalen Abständen, um das Vergessen zu minimieren."

[...]

Simuliere die Lektion Nachricht für Nachricht auf der Grundlage meiner Interaktionen als Nutzer. Ich möchte es wie ein textbasiertes Videospiel nutzen. Gestalte es als einen intensiven Einstiegspunkt. Warte immer auf meine Antwort, bevor du die nächste Aufgabe präsentieren, die du auf der Grundlage meiner vorherigen Eingaben anpasst. Beginne jetzt mit der ersten Aufgabe.

Wie du als aufmerksamer Leser vielleicht schon erkannt hast, stammt der obere Teil des Lehrplans und der untere Teil meines Prompts von ChatGPT. Dafür habe ich ChatGPT einfach mit dem entsprechenden

Kapitel dieses Buches versorgt und darum gebeten, die Prinzipien zu extrahieren und in klare Lernanweisungen umzusetzen.

Die weiteren Anmerkungen spiegeln einfach persönlichen Vorlieben wider, da ich „Lupin" und Videospiele mag. Es handelt sich um Gamification-Elemente, die mich persönlich motivieren, aber nicht zwingend erforderlich sind.

Schauen wir uns an, wie ChatGPT unsere Lernsession einleitet:

> *Akt 1: Das Geheimnis des nächtlichen Paris*
>
> ***Ort:*** *Die Gassen von Paris, durchdrungen von einem geheimnisvollen Nebel, der die Straßenlaternen in ein sanftes, goldenes Licht taucht. Die Stadt des Lichts hält ihre Atem an, als dein Abenteuer beginnt.*
>
> *Du, ein versierter Sprachdetektiv, wurdest von einer enigmatischen Gestalt, bekannt nur als "Le Maître" (Der Meister), rekrutiert. Deine Mission: Entschlüssele die verlorenen Wörter der französischen Sprache, um ein drohendes Unheil abzuwenden, das nicht nur die Pracht von Paris und Nizza bedroht, sondern auch das Wesen menschlicher Verbindungen.*
>
> *Das Erwachen:*
>
> *Du findest dich auf dem verlassenen Montparnasse-Bahnhof wieder. Es ist kurz nach Mitternacht, und der spärliche Schein der Straßenlaternen außerhalb wirft unheimliche Schatten über die verrosteten Gleise. Dein Handy vibriert – eine Nachricht von "Le Maître":*
>
> *"Willkommen in Paris. Deine erste Aufgabe ist es, den Hüter des Bahnhofs zu finden. Er bewacht das erste verlorene Wort. Um ihn zu finden, musst du die Kunst der französischen Begrüßung meistern. Denk daran: In Frankreich sind Begrüßungen mehr als nur Worte; sie sind ein Einblick in die Seele."*
>
> *Aufgabe 1:*
>
> *Um den Hüter aufzuspüren, musst du drei Passanten begrüßen und dich vorstellen. Jeder von ihnen benötigt eine andere Art der Begrüßung:*

1. Eine ältere Dame, die auf einer Bank sitzt und in den Seiten eines verblassten Romans blättert.

2. Ein junger Geschäftsmann, der hastig mit einem Regenschirm an dir vorbeieilt, offensichtlich spät zu einem wichtigen Meeting.

3. Ein Kind, das fasziniert die alte Bahnhofsuhr betrachtet, sein Gesicht erfüllt von Neugier.

Deine erste Herausforderung:

Wähle einen der Passanten aus und entscheide, wie du sie oder ihn begrüßen würdest. Erinnere dich an die Grundlagen der französischen Begrüßungen und höflichen Ausdrücke, die du gelernt hast. Wie würdest du vorgehen?

bonjour madame, comment vont ils

Sehr gut gewählt! Mit "Bonjour Madame, comment vont-ils ?" beginnst du die Begrüßung höflich und formal, indem du die ältere Dame respektvoll ansprichst. Allerdings ist ein kleiner Anpassungsbedarf vorhanden: Der Ausdruck „comment vont-ils?" bedeutet „Wie geht es ihnen?" und wird verwendet, wenn man sich nach mehreren Personen erkundigt. Wenn du dich speziell nach ihrem Befinden erkundigen möchtest, wäre es passender, „Comment allez-vous ?" zu sagen, was die formelle Einzahl von „Wie geht es Ihnen?" ist.

Die Dame blickt von ihrem Buch auf, lächelt sanft und antwortet:
"Très bien, merci. Und Sie, junger Mensch, was bringt Sie zu dieser späten Stunde zu einem solchen Ort?"

Dein Instinkt für höfliche Formen ist beeindruckend, und das Gespräch hat gerade erst begonnen. Wie antwortest du, um das Gespräch fortzusetzen und vielleicht mehr über das verlorene Wort zu erfahren, das der mysteriöse Hüter bewacht? Nutze diese Gelegenheit, um dein Französisch weiter zu üben und tiefer in das Geheimnis einzutauchen.

Ab hier folgen zahlreiche weitere Nachrichten, nach denen ich schließlich im 'Grande Finale' den Bahnhofsjungen kennenlerne. Von ihm werde ich in eine geheime Passage geführt und muss die Graffitis an den Wänden korrigieren. Schließlich erhalte ich Zugriff auf einen geheimen Ticketautomaten, an dem ich auf Französisch ein Ticket nach Nizza bestelle.

Während des Durchlaufens der knapp einstündigen Lernsession musste ich ChatGPT mehrfach an das ursprüngliche Ziel erinnern. Dazu bat ich allen fünf Nachrichten einen kurzen Zwischenbericht beizufügen, der meinen sprachlichen Fortschritt festhält. Diesen Zwischenbericht fügte ich dann zusammen mit dem ursprünglichen Lehrplan in die jeweils nächste Nachricht ein.

SCHRITT 4: LERNEINHEITEN AUSWERTEN

Nach der Lernsession fordern wir einen Feedbackbericht an, der uns detaillierte Hinweise darüber gibt, welche Themen, Vokabeln, Grammatikregeln usw. in den nächsten Stunden vertieft werden sollten.

Zudem lassen wir unser neu erworbenes Wissen in Form von Karteikarten zusammenfassen. So können wir es mithilfe von "Spaced Repetition" üben und dauerhaft behalten:

> Lass mir einen Feedback-Bericht zukommen, der meine Lerneinheit im Detail analysiert und mir detaillierte Informationen darüber gibt, welche Themen, Vokabeln, Grammatikregeln, etc. in den nächsten Lektionen vertieft werden sollten. Um diesen Lernplan [HIER FÜGE ICH MEINEN LERNPLAN EIN] zu erfüllen, auf das Sprachniveau A2 aufzusteigen und mich in Paris und Nizza auf Französisch zurechtzufinden. Stelle mir zusätzlich einen Satz der wichtigsten 50 Lernkarten zur Verfügung, die ich in der Sitzung gelernt habe und die noch nicht in meinem Lernkartenset [HIER FÜGE ICH MEINE AKTUELLE VOKABELLISTE VOM VOKABELTRAINER-CHARAKTER EIN] enthalten sind.

SCHRITT 5: AUSWERTUNG IN NEUE LERNEINHEITEN ÜBERFÜHREN

Die Karteikarten übergeben wir der Vokabeltrainer-Charakter, der sie in unsere Vokabelliste einfügt, sodass wir sie in unser tägliches Vokabeltraining integrieren können.

> Bitte nimm die folgenden Vokabeln in meine Vokabelliste auf, und sortiere sie nach Relevanz und Lernfreundlichkeit neu: [HIER ÜBERGEBE ICH DIE 50 VOKABELN AUS DEM LETZTEN SCHRITT]

Den Feedbackbericht übergeben wir dem Lernplaner-Charakter, der unseren Lehrplan entsprechend aktualisiert. Danach können wir mit der nächsten, nun aktualisierten Lerneinheit fortfahren.

> Bitte nimm das folgende Feedback in meinen Lernplan auf und aktualisiere darauf basierend den zukünftigen Unterricht: [HIER ÜBERGEBE ICH DEN FEEDBACK BERICHT AUS DEM LETZTEN SCHRITT]

Diesen Prozess wiederholen wir, bis wir den gesamten Stoff gelernt haben.

SCHRITT 6: ZIELERREICHUNG ÜBERPRÜFEN

Zum Abschluss überprüfen wir unser neu gewonnenes Wissen, indem wir erneut einen DELF-Test durchführen. Zusätzlich können wir uns konkrete Situationen unserer zukünftigen Reise vorstellen und sie ChatGPT schildern, damit er sie für uns simuliert.

Hier ein Beispiel:

> Bitte simuliere die folgende Situation so realitätsnah wie möglich und teste, ob ich sie linguistisch bewältigen Simuliere die folgende Situation so realitätsnah wie möglich und teste, ob ich sie linguistisch bewältigen kann. Lass mich die Arbeit machen. Ich möchte, dass du

mich vor eine Herausforderung stellst und mir anschließend ein detailliertes Feedback und Verbesserungsvorschläge für meine Sprache mit konkreten Lerntipps gibst. Bitte bewerte die Arbeit mit den Originalpunkten und auf der Grundlage der konkreten DELF-Kriterien und des Bewertungssystems, einschließlich der Zahlen und des Niveaus (A1-B2). Hier ist die Situation: Ein Franzose aus dem Hotel hat mir folgenden Artikel über gute Bars in Paris geschickt. Ich möchte den Text grundlegend verstehen, herausfinden, wo in dem Text die Namen der Bars sind, zu den Bars recherchieren und dann entscheiden, in welcher wir uns treffen:

"Paris a toujours été la ville qui ne dort jamais. Et ce n'est pas seulement un slogan attrayant ou une phrase faite. C'est la réalité. Dans la capitale française, vous trouverez toujours un endroit ouvert où prolonger la journée jusqu'à l'aube. Dans de nombreux coins, il y a un bar à cocktails pour s'amuser, et il y en a pour tous les goûts, même thématiques. Et si vous vous posez toujours la même question, « Dans quel bar allons-nous ce soir ? », nous avons préparé ce reportage.

C'est le dilemme classique [...]

Voici les bars à cocktails à la mode à Paris. Dans notre liste, nous vous emmenons faire un tour au Prescription Cocktail Club, au Little Red Door, au Lulu White, au Syndicat, au CopperBay, à La Commune, au Danico, à Bisou, à Gravity Bar, au Moonshiner, à Dirty Lemon, et à Hero.

Alors, si vous voulez passer un bon moment avec des amis dans les endroits les plus branchés de la capitale française, voici les 22 meilleurs bars de Paris pour savourer un verre. Détendez-vous, profitez et amusez-vous."

Anstatt dir die gesamte Simulation zu präsentieren machen wir lieber direkt mit der finalen Auswertung weiter:

Exzellent, du hast alle Namen der Bars korrekt identifiziert. Das zeigt, dass du den Text gut verstanden und die relevanten Informationen herausfiltern konntest. Dies ist ein wichtiger Schritt, der zeigt, dass du in der Lage bist, spezifische Informationen in einem Text auf Französisch zu erfassen, was auf ein A2-Niveau oder höher hinweist.

Feedback basierend auf DELF-Kriterien:

***- Textverständnis (Leseverstehen):** Deine Fähigkeit, die Namen der Bars korrekt zu identifizieren, zeigt ein gutes Textverständnis, was einem soliden A2- bis B1-Niveau entspricht. Im DELF-Kontext könntest du dafür in einem entsprechenden Leseverstehensabschnitt nahezu volle Punktzahl erhalten, da du die spezifische Aufgabe erfolgreich gelöst hast.*

***-Kommunikationsfähigkeit:** Da du eine direkte Antwort gegeben hast, ohne eine Auswahl zu treffen oder eine Begründung anzugeben, wäre die Bewertung hier niedriger. In einem DELF-Test, der deine Fähigkeit bewertet, Informationen anzuwenden und in Kommunikation umzusetzen, könntest du für diesen Teil eine mittlere Punktzahl im A2-Bereich erhalten, da eine weiterführende Kommunikation oder Anwendung der Information (z.B. eine Bar auswählen und begründen) erwartet wird.*

***- Sprachgebrauch und Kohärenz:** Da in deiner Antwort keine weiteren sprachlichen Elemente oder Strukturen genutzt wurden, um deine Kenntnisse der französischen Sprache zu demonstrieren, wäre es schwierig, hier eine hohe Bewertung anzusetzen. In einem Schreib- oder Sprechtest des DELF, wo auch die Qualität der Sprachverwendung bewertet wird, könntest du für den gegebenen Teil eine Grundpunktzahl erhalten, die ein grundlegendes Verständnis und Anwendung zeigt (A2).*

Hypothetische Punktbewertung (in einem fiktiven Kontext):

***Leseverstehen:** 90-100% der Punkte (für die korrekte Identifizierung der Namen)*

***Kommunikationsfähigkeit:** 50-60% der Punkte (für die Beantwortung der Aufgabe ohne Erweiterung oder Anwendung)*

***Sprachgebrauch und Kohärenz:** 30-40% der Punkte (aufgrund des Fehlens einer erweiterten Sprachnutzung oder -anwendung)*

Verbesserungsvorschläge für eine höhere Bewertung:

Um deine Bewertung zu verbessern, arbeite daran, deine Antworten zu erweitern, indem du Begründungen, Meinungen und Vorlieben auf Französisch ausdrückst. Dies zeigt nicht nur ein tieferes Verständnis des Textes, sondern auch die Fähigkeit, die Sprache aktiv zu nutzen.

Übe das Schreiben und Sprechen in vollständigen Sätzen, und arbeite an der Anwendung verschiedener grammatischer Strukturen und Wortschatz, um deine Sprachkenntnisse zu vertiefen und zu demonstrieren.

Nächster Schritt:

Um deine Fähigkeiten weiter zu verbessern, wähle eine der identifizierten Bars aus und erkläre, basierend auf dem Namen oder dem, was du dir vorstellen könntest, warum du denkst, dass dies ein guter Ort für ein Treffen wäre.

Es folgen zahlreiche weitere Aufgaben mit Lückentexten zu Museumsbildern, Multiple-Choice Fragen zu Amuse-bouches und Chatverläufen in denen ChatGPT den Vermieter einer Strandhaus in Nizza mimt.

Am Ende erhalten wir für unsere Leistungen folgenden Testbericht:

Feedbackbericht zum DELF-Test

Teilnehmer: [Dein Name]

Datum der Bewertung: [Datum]

Bewertetes Niveau: A2 (Niedriges A2-Niveau)

Gesamteindruck:

[Dein Name] hat während der Bewertung grundlegende Verständnis- und Ausdrucksfähigkeiten in der französischen Sprache gezeigt. Es ist erkennbar, dass [dein Name] mit den Basisstrukturen der Sprache vertraut ist und einfache Sätze bilden kann. Es gibt jedoch deutliche Bereiche, in denen Verbesserungen notwendig sind, um eine konsistentere Kompetenz im A2-Niveau zu erreichen und darüber hinaus zu bauen. Im Folgenden finden Sie eine detaillierte Bewertung Ihrer Leistung in

verschiedenen Bereichen sowie spezifische Empfehlungen für die Weiterentwicklung Ihrer Sprachfähigkeiten.

Bewertungsbereiche:

Grammatik: Punktzahl 45/100

***Feedback:** Die Grammatikkenntnisse sind grundlegend vorhanden, jedoch treten häufig Fehler bei der Verwendung von Zeitformen, Artikeln und Präpositionen auf. Es scheint, als ob die Regeln für die Konjugation von Verben und die Anpassung von Geschlecht und Zahl noch nicht gefestigt sind.*

***Verbesserungsvorschläge:** Fokussieren Sie sich auf die regelmäßige Praxis der am häufigsten verwendeten Verben in der Gegenwart, Vergangenheit und Zukunft.*

Üben Sie die Anwendung von Artikeln und Präpositionen in klaren, alltäglichen Kontexten.

Textproduktion: Punktzahl 50/100

***Feedback:** Die Fähigkeit, eigene Texte zu verfassen, ist erkennbar, doch die Texte bleiben sehr einfach und zeigen Schwächen in der Strukturierung und Kohärenz. Es mangelt an Variabilität in der Satzstruktur und am Einsatz von Verbindungswörtern.*

***Verbesserungsvorschläge:** Praktizieren Sie das Schreiben von kurzen Texten zu Themen Ihres Interesses, um die Anwendung von Gelerntem zu fördern.*

Konzentrieren Sie sich auf den Einsatz von Konjunktionen und Übergangswörtern, um die Textführung zu verbessern.

[...]

Zusammenfassung und allgemeine Empfehlungen:

[Dein Name] zeigt Engagement und Basiskenntnisse im Französischen, die eine solide Grundlage für weitere Fortschritte bieten. Um das A2-Niveau vollständig zu beherrschen und auf B1 hinzuarbeiten, ist eine konzentrierte Anstrengung in den Bereichen Grammatik, Rechtschreibung, Leseverständnis und Textproduktion erforderlich. Wir empfehlen

eine Kombination aus gezieltem Selbststudium, der Integration der französischen Sprache in den Alltag (z.B. durch Lesen, Hören von Podcasts und Sprechen) und regelmäßigen Übungen mit Feedback, um spezifische Schwächen anzugehen. Die Nutzung von Sprachlern-Apps, der Besuch von Sprachkursen oder die Arbeit mit einem Tutor können zusätzliche Unterstützung bieten.

Zielsetzung für die nächste Bewertung:

Verbesserung in den genannten Bereichen mit dem Ziel, eine durchschnittliche Punktzahl von mindestens 75/100 in jedem Bereich zu erreichen.

Viel Erfolg auf Ihrem Weg zur Verbesserung Ihrer Französischkenntnisse!

Wir haben unser Ziel erreicht: Das Sprachniveau A2 ist gemeistert, und wir sind bereit, für unsere Reise. Damit schließt sich der Kreis unseres anfänglichen Beispiels, und unser letztes Kapitel findet seinen Abschluss.

Das Sprachniveau des Beispiels war für dich ungeeignet? Pariser Bars interessieren dich nicht und du willst ein ganz anderes Lernziel verfolgen? Kein Problem? Jetzt bist du am Zug: Passe das System an deine individuellen Ambitionen an. Nimm dir Stift und Papier zur Hand und gestalte deine eigene Vorgehensweise. Du kannst auch ChatGPT zurate ziehen, um dieses Kapitel in maßgeschneiderte Prompts zu übersetzen.

Aber denke daran: Bei höchster Komplexität kann selbst der leistungsfähigste Chatbot an seine Grenzen stoßen. Lass dich also nicht entmutigen, falls du einige Anpassungen vornehmen oder deinen Weg sogar komplett selbst definieren musst.

SCHLUSSWORT

Bevor wir den letzten Punkt dieses Buches setzen, möchte ich einen Blick in die Zukunft von ChatGPT, Google BARD und anderen Chatbots werfen. Während ich diese Zeilen verfasse, gilt GPT-4 als modernster KI-Assistent. Doch die Technologie schreitet unaufhaltsam voran, und es werden neue, noch leistungsstärkere KIs auftauchen.

Die neuste Version von ChatGPT verfügt bereits jetzt über einen Advanced Data Analyst, der weit über das reine Sprachverständnis hinausgeht. Er kann komplexe Dateien analysieren, Programme schreiben und Videospiele programmieren. Dank Integration der Bing-Suche kann ChatGPT zudem selbstständig im Web nach aktuellen Informationen suchen. Mithilfe von DALL-E kannst du aus beliebigen Texten Bilder nach deiner Vorstellung generieren lassen. Die Community steuert ständig Plugins und Add-Ons bei, die ChatGPTs Funktionen erweitern. Es ist spannend, zu beobachten, welche dieser Innovationen in zukünftigen Versionen wie GPT-5 integriert werden.

Du kannst bereits jetzt aus dem vollen Potenzial schöpfen und dir aus den vorhandenen Plugins deinen eigenen "Frankenstein" basteln. Oder du vertiefst vorerst deine Prompt-Fähigkeiten und wartest die nächste technische Revolution ab. Denn auch wenn sich die Tools ändern, die Kunst, Sprache effektiv zu nutzen, bleibt.

Ich danke dir herzlich für deine Begleitung auf dieser Französischlernreise in die Welt von ChatGPT. Ich hoffe, ich konnte meine Leidenschaft für KI, Sprachen und Lernen mit dir teilen. Denke daran, dass das wahre Lernen jetzt beginnt – außerhalb dieser Seiten. Nutze das hier Gelernte aktiv, um deinen Sprachalltag zu bereichern. Die spannendsten Kapitel liegen noch vor dir – geschrieben von deiner eigenen Feder.

Wenn dieses Buch dir auf deinem Weg geholfen hat, teile gerne deine Erfahrungen per Rezension auf Amazon. Dein Feedback ist nicht nur für mich wertvoll, sondern hilft auch anderen, dieses Buch zu entdecken.

Vielen Dank und alles Gute auf deiner weiteren Reise,

Maximilian Alexander Koch

Impressum

Deutschsprachige Erstausgabe Mai 2024

Ladungsfähige Adresse

Maximilian Alexander Koch

Heinrich-Könn-Straße 94

40625 Düsseldorf

Covergestaltung & Grafiken

Nadiya Morenko | morenko.de | Adriana Rechitean

Printed by Amazon Italia Logistica S.r.l.
Torrazza Piemonte (TO), Italy

70850085R00087